치사한 공부법

9급 공무원 시험, 6개월 만에 합격하다!

치사한 공부법

이슬기 지음

들어가며

지금 바로,
치사하게 시작하라

공부를 할 때는 치사해져야 한다. 다른 사람의 시험지를 훔쳐보거나 공부를 방해하라는 뜻은 아니다. 하지만 목표를 향해 치사하게 나아갈 줄 알아야 한다. 수험 생활 중에는 일상에서 누리던 모든 것을 포기하지 않으면서 공부까지 완벽하게 잘하려고 하면 되려 아무것도 할 수 없다. 깍쟁이처럼 군더더기는 모두 버리고 목표에 도달하는 데 필요한 것만 챙겨 빠르게 치고 나가야 한다. 나의 공부법이 '치사한 공부법'이라고 이름 붙인 이유가 이것이다.

나는 대학에서 디자인을 전공했다. 공무원은 대학교 4학년을 마칠 시기에도 안중에 없었고 디자인 회사에 취직해 멋진 디자이너가 되고 싶었다. 그래서 대학 졸업을 앞두고는 취업을 위해 본격적으로

포트폴리오와 이력서, 자기소개서 준비에 돌입했다. 하지만 서류를 넣어도 면접에서 전부 떨어졌다. 그것도 모조리.

지금까지 살아온 게 잘못되었나 싶을 만큼 우울한 경험이었다. 학점이 모자라나, 포트폴리오가 매력이 없나, 인상이 안 좋은가 등 면접에서 떨어진 갖가지 이유들을 추측하며 백수로 연말을 보냈다. 그런 나에게 던진 이모의 결정적인 한마디. "너 디자이너로 취직하면 그 월급으로 서울에서 자립할 수 있어?"

이모의 물음에 대답할 말이 없었다. 신입 디자이너의 쥐꼬리만 한 초봉으로 서울에서 자립하기란 불가능에 가까웠다. 그리고 이어진 말은 '어차피 취직해서도 집에서 돈 받아갈 거 공무원 시험 공부나 한번 해봐라'는 것이었다. 인정하기는 싫었지만 모두 맞는 말이었다. 20대의 중반을 지나는 나이에 대학을 졸업할 즈음이 되어서까지도 부모님에게 생활비를 받는 것이 싫었다. '성인'이라는 타이틀은 단 지 한참이 지났고 배울 만큼 배웠다고 생각했는데 아직도 부모님한테 기대 산다는 불편함이 마음 한구석에 늘 있었다. 그래서인지 이모의 말이 더 설득력 있게 들렸다.

이렇게 해서 갑작스레 평생 생각지도 않았던 수험 생활을 결심했다. 하지만 그때까지 단 한 번도 공무원을 해야겠다는 생각을 한 적이 없었기에 공무원 시험이 언제인지, 무슨 과목을 보는지조차 몰랐다.

결단을 내리자마자 바로 인터넷을 뒤졌다. 시험은 4월에서 6월까지 있다는 것, 직렬이 다양하고 그중 일반 행정직을 가장 많이 뽑는다는 것, 국어, 영어, 한국사가 공통 과목이고 선택 과목 두 가지를 골라야 한다는 것과 디자인 공무원이라는 직렬이 있다는 것을 알게 되었다. 여기에 마음이 크게 움직였다. 공무원을 하겠다고 마음은 먹었지만 전공에 대한 애정이 남아 있었고, 디자이너로 살겠다는 꿈을 접은 지 얼마 되지 않은 상태였기 때문이다.

그렇게 이틀간 정보를 찾고 1월 3일 서울에 올라와서 학원을 등록했다. 이틀 뒤인 1월 5일부터는 공부에 돌입했다. 공부 욕심은 없었다. 애초에 하고 싶어서 시작한 공부도 아니었기에 높은 점수가 아니라 합격하는 것이 목표였다. 최소한만 공부하고 대략적인 합격선인 평균 85점만 맞자고 마음먹었다.

아무것도 몰랐던 상태였기에 가능한 일이었다. '적어도 1년은 준비해야 한다'거나 '대학에서 어떤 학문을 전공해야 한다', '최소한 몇 회독은 해야 한다' 같이 공무원 시험판에서 떠도는 정보들을 잘 알고 있었다면 합격할 만큼만 하자는 생각은 꿈도 꾸지 못했을 터였다. 일단 시작하고 보자는 마음가짐으로 내 앞에 놓인 수많은 선택지들 중 가장 빠르게 결과를 낼 수 있는 부분들을 선택해 징검다리 건너듯 뛰어나가니 오히려 길이 보이기 시작했다.

공시생이 되는 순간부터 합격만 생각하고, 다른 사람이 아닌 오로지 나에게 맞는 방법을 찾아가려고 노력했다. 내 수험 생활이 치사했던 것은 이 때문이다. 필요 없는 것은 쳐다보지도 않았고, 목표만을 위해 나의 모든 생각과 생활을 재개편했다. 수험 생활 6개월 동안 시험 당일과 너무 아파 침대에서 일어날 수도 없었던 날을 빼면 단 하루도 공부를 쉬지 않았다. 친구도 만나지 않았고 혹시나 기름진 음식이나 생선을 잘못 먹고 체할까 봐 비빔밥만 질리도록 먹었다. 그렇게 나에게 꼭 들어맞는 방법만을 찾아서 최대한 효율적으로, 요점만 뽑아서 나아갔다. 그리고 '알았어, 하면 되잖아!'라는 마음으로 시작한 게 나중에는 '해내고 말겠다'는 마음으로 바뀌어 공부를 시작한 지 6개월 만에 합격의 기쁨을 맛봤다.

물론 시행착오도 많았다. 더 많이 알고 있었더라면 선택하지 않았을 방법들도 있었다. 그래서 이 책을 썼다. 내가 겪은 시행착오에서 발견한 소중한 방안들이 이 책을 읽는 독자에게 하나의 과정이 되어 좋은 결실을 맺기를 바라는 마음이었다.

이 책은 처음부터 끝까지 쭉 읽어도 되고 필요한 부분을 찾아서 읽어도 된다. 생활 계획을 짜고 싶다면 1장을 보면 되고 공부법이 궁금하다면 2장과 3장을 보면 된다. 특히 공무원 시험을 준비 중이라면 부록의 로드맵과 과목별 접근법이 도움이 될 것이다. 마인드 세팅이 필요한 사람은 1장에서 전반적인 것을 파악한 뒤 4장에서 구체적인 내용들을 짚으면 된다. 어찌 됐든 이 책을 집어든 순간부터 치사하게 필요한 부분을 찾아서 취하면 된다.

하지만 나의 조언이 시작을 두렵게 만드는 또 하나의 정보가 되지는 않았으면 한다. 눈앞에 닥친 일을 일단 시작하고 그에 집중하면 결과는 나오기 마련이다. 반면 생각을 하고 계획을 완벽하게 세우려다 보면 아무것도 할 수 없다. 애초에 완벽한 계획은 없기 때문이다. 무슨 일이든 일을 하는 과정에서 수많은 변수가 생겨나고, 그에 따라 계획은 얼마든지 변할 수 있다. 머릿속에서는 완벽했던 계획도 현실에 꺼내놓는 순간 무력해지는 순간이 온다. 이 책이 그런 때 예상치 못한 일들에 기민하게 얌체같이 대처하는 능력을 키워줄 수 있다면 좋겠다.

나는 수험 생활 동안 힘이 들 때마다 지금 이 순간이 '내 인생의 베이스캠프를 만드는 시기'라고 생각했다. 앞으로 나는 살아온 날보다 더 많은 날을 살아갈 것이고, 그날들 동안 나 자신을 책임져야 한다. 그뿐만 아니라 아직 만나고 보고 듣고 느낄 것들이 별처럼 많다. 이 긴 여행을 하려면 베이스캠프를 튼튼하게 만들어 놓아야 한다. 에베레스트를 오르는 사람들이 베이스캠프에 공들이듯 나도 내 인생의 베이스캠프를 제대로 만들어 놓고 내 길을 가자고 생각했다. 그렇다면 행여 어떤 나쁜 상황을 만나도 아무런 준비가 되지 않은 사람보다 조금 더 잘 버틸 수 있을 것이고, 삶이 즐거워질 수 있을 것이라고 스스로를 다독였다. 이렇게 생각을 바꾸고 나니 힘든 수험 생활이 버틸 만해졌다.

　수험 생활은 항상 평탄하게 흘러가지만은 않는다. 하지만 노력하고 집중한 만큼 결과는 나온다. 시간이 지나도 눈에 보이는 결과가 나오지 않는다고 중간에 포기하지만 않으면 된다.

차례

들어가며 지금 바로, 치사하게 시작하라 4

1장 무의식까지 컨트롤하라!
생활 패턴 관리법

잘하려고 하지 마라 17
습관적으로 공부하라 20
효율적인 하루 재배치하기 22
나에게 가장 적합한 생활 패턴은 무엇일까? 25
공부에도 골든타임이 있다 31
마음의 습관 만들기 35
똑똑한 스케줄러 활용법 39

무조건 외우지 마라!
치사한 암기술

어떻게 외울 것인가 51

재미가 배가 되는 스토리텔링 암기법 55

꼬리에 꼬리를 무는 연관성을 찾아라 62

패턴을 찾아라 68

읽지 말고 스캔하라 73

단순 암기는 머리가 아닌 몸으로 외워라 81

효율성을 떨어뜨리는 요소들 86

세 권이면 끝!
필살 노트 작성법

예쁘고 완벽한 노트는 버려라 93

지식의 구조를 쌓는 키노트 활용법 96

오답 노트 만들기 103

약점 노트 만들기 108

마음을 산뜻하게 만드는 색깔펜 필기법 113

버릴 것은 버리고 필요한 것만 남겨라 117

 **4장** / **슬럼프에 빠지지 않는**
마인드 컨트롤 비법

하루를 살아라 121
머리를 비워라 125
빠르게 달리려면 버틸 체력이 필요하다 131
경쟁을 인식하고 있는 것이 도움이 될 때도 있다 140
스트레스를 제거할 수는 없다 145
나 자신에게 관대해지는 것도 슬럼프다 151
지킬 자존감과 붙잡을 무엇 155
정말 힘들 땐 딱 하루만 161

작가의 말 163

 부록 / **합격을 부르는**
공무원 시험 6개월 로드맵

수험 생활을 시작하기 전 168
1, 2개월 차 179
3, 4개월 차 184
5, 6개월 차 189
시험 직전 193
시험 이후 198
체크 리스트 206

1

무의식까지 컨트롤하라!
생활 패턴 관리법

잘하려고
하지 마라

내가 공무원 시험을 준비하게 된 계기는 그다지 거창한 것이 아니었다. 오히려 반쯤 등 떠밀려 시작했기에 오래 열심히 하고 싶은 생각이 전혀 없었다. 높은 점수로 우수하게 합격하는 대신 가장 효율적으로 필요한 만큼만 공부해서 빠르게 합격하는 것이 목표였다. 인생은 즐거워야 하고, 아직 하고 싶은 것도, 가고 싶은 곳도, 만나고 싶은 사람도 많은데 수험 생활에 내 시간을 오래 쓰기 싫었다. 따라서 하기 싫은 일을 해야 한다면 단기간에 끝내버리자고 마음먹었다.

합격이라는 목표에 빨리 도달하는 방법은 간단하다. 필요한 공부량을 최소화하는 것이다. 즉 잘하려고 하면 안 된다. 자신이 도달

해야 하는 목표가 무엇인지 냉정하게 판단해서 그에 도달하는 것이 최우선이다. 역사에 한 획을 그을 공부를 하는 것과 합격, 불합격의 커트라인이 정해져 있는 시험의 공부를 하는 것은 다르다. 전자는 진리를 찾을 때까지 끝없이 파고들어야 하지만 후자는 합격할 만큼만 공부하면 된다. 공무원 시험의 필기 전형이나 자격증 시험이 그렇다.

만점에서 합격선으로 목표를 낮추면 공부는 훨씬 만만해진다. 만점을 맞으려면 만점보다 더 많이 알아야 한다. 언제 어떤 문제를 풀어도 작은 것 하나 놓치지 않고 다 알고 있어야 한다. 하지만 완벽한 상태가 되기 위해 공부하다보면 오히려 목표는 희미해지고 공부 자체에 지나치게 얽매이기 마련이다.

내 목표는 합격이지 만점이 아니었다. 나는 시험을 보다 실수도 할 거고 공부한 걸 잊어버리기도 할 게 분명했다. 나는 애초에 만점을 받을 사람이 아니니 합격할 만큼만 하자. 그렇게 생각하니 공부를 대하기 한결 편해졌다.

'커트라인만'이라는 생각이 안일하게 느껴질 수도 있다. 불안하기도 할 것이다. 하지만 이러한 마음가짐은 그 자체로 시험에 대한 불안감을 해소하는 안정제가 된다. '공부를 하려면 제대로 해야 한다'라거나 '보통 몇 년이 걸린다더라' 같은 말들을 염두에 둔다면 본인의 호흡대로 공부를 해나갈 수도, 공부의 효율성을 추구할 수도 없다.

합격과 불합격을 가르는 기준이 있는 시험들은 대체로 어렵지 않다. 창의성과 고도의 지식, 상식을 요구하지 않기 때문이다. 내가 볼 시험은 오랜 연구를 통해 깊이 있는 지식이나 독창적인 이론을 생산하는 시험이 아니라 알아야 할 것을 정확히 알고 있느냐를 묻는 시험이다. 다만 공부할 양이 많은데 문제 수가 너무 적거나, 어떤 문제가 나올지 모른다거나, 많은 내용을 반복해야 한다는 것 때문에 지칠 따름이다. 하지만 그래서 시험에 나올 만한 내용만 정확히 알고 있으면 합격이 가능하기도 하다. 기출 문제 분석이 중요한 것도, 시험 즈음에 이르러 '찍어주는' 강의들이 인기가 있는 것도 이 때문이다. 그러니 너무 욕심내지 않고 시험을 만만하게 보고 빠르게 공부하는 것이 핵심이다.

습관적으로
공부하라

　내가 도달해야 할 목표를 정확히 인지했다면 공부의 효율성을 최대치로 끌어올릴 수 있는 나만의 생활 패턴을 만들어야 한다. 수험생의 생활 패턴은 일상의 패턴과 다르다. 기초가 튼튼해야 건물이 오래 가듯 생활 패턴은 수험 생활 초기에 잘 만들어 놓아야 앞으로의 공부의 흐름이 잡힌다.

　우리는 일상에서 모든 것을 생각하지는 않는다. 대개 우리의 생활은 무의식적으로, 습관적으로 이루어진다. 예컨대 아침에 일어나 이를 닦거나 때가 되면 식사를 하는 것은 머릿속에서 큰 계산을 거친 뒤에 나오는 행동이 아니다. 지금까지 그렇게 해왔기 때문에 힘들이지 않아도 그렇게 하게 된다. 이러한 무의식적인 행동이 모여 하루가 되고 그 하루들이 패턴이 된다.

따라서 내가 의도한 생활 패턴을 만드는 것은 일상에서 나의 의지를 최대치로 끌어올리는 것과 같다. 내가 인지하지 못하는 행동까지 습관을 통해 나의 의도대로 흘러가도록 두는 것이다. 오늘은 무엇을 할지, 어디에서 밥을 먹고 언제 일어날지 같은 일상의 사소한 고민에 소요되는 에너지는 내가 의도한 무의식에 묻어서 패턴으로 만들고, 의식은 공부에만 집중할 수 있도록 최적화하면 하루를 백 퍼센트 내 의지대로 살 수 있다.

공부에 최적화된 생활 패턴을 만들려면 먼저 내가 반드시 공부에 확보해야 하는 시간이 몇 시간인지 알아본다. 이 시간은 수험 생활에서 반드시 시켜야 하는 시간으로, 초기 습관을 잡으려면 하루에 몇 시간을 공부할지를 정하는 것보다 먼저 하루 동안 내가 해야 할 공부가 각각 몇 시간이 걸리는지를 기록해보는 것이 좋다. 가령 오늘 강의 복습에 한 시간 삼십 분 내지 두 시간, 문제 풀이에 한 시간 삼십 분, 영단어 정리에 삼십 분이 걸렸다고 가정해보자. 혼자서 공부하는 시간으로 최소 네 시간은 확보해야 한다는 것을 알 수 있다. 이렇게 소요 시간을 측정하면 앞으로 공부를 어느 정도의 속도로 해나가야 다 마칠 수 있을지를 가늠할 수 있다. 또한 나의 생활을 어떻게 재조립하여 필요한 공부 시간을 확보할지 계획할 수 있다.

효율적인 하루
재배치하기

　내가 하루에 최소한 얼마를 공부해야 하는지 파악했다면 하루 중 그 시간을 제외한 나머지 시간에 반드시 해야 할 일들과 새는 시간을 구분해보자. 반드시 해야 하는 일로는 수면, 식사, 씻는 시간 등이 있을 것이다. 한편 이러한 활동을 뺀 나머지 시간은 모두 새는 시간이다. SNS에 쓰는 시간, 친구와 잡담하는 시간, 외모에 쓰는 시간 등이다. 이 시간이 지금 당장 수험 생활에 도움이 되는 시간일까? 그렇지 않다면 모두 끊는다.

　나의 경우에는 이렇게 계산을 해보니 최소한의 수면 시간이 여섯 시간이었다. 또 하루에 열 시간 이상을 앉아 있기 위해 하루 한 시간 정도의 운동은 꼭 필요했다. 하루 세 끼는 다 먹어야 했고, 오래 앉아 있는 것보다는 공부하다 중간중간 일어나서 돌아다니는 것을 선호했다.

한편 새는 시간은 단장하는 시간과 SNS를 하는 시간이었다. 둘 다 집중을 방해하는 최대의 적이었다. 따라서 오랫동안 애지중지하며 길렀던 머리를 단발로 자르고 옷도 무엇을 입을지 고민할 시간을 줄이기 위해 똑같은 옷 여러 벌을 돌려 입었다. 렌즈도 화장품도 마찬가지였다.

SNS 계정도 다 삭제했다. 원치 않는 알림이 수시로 울려 성가셨던 것은 물론 다른 사람들의 행복해 보이는 글을 보기 싫다는 이유도 있었다. 정확히 말하자면 다른 사람은 다 잘 살고 있는 것 같은데 나만 여기서 이러고 있는 것처럼 느끼는 것이 싫었다. 다른 사람과 나를 비교하며 우울함과 슬럼프에 빠질까봐 원천을 차단했다.

이렇게 새는 시간을 막고 꼭 필요한 시간들을 다 합하니 대략 스무 시간이 나왔다. 즉 하루 스물네 시간 중에 내가 포기해서는 안 되는 시간이 스무 시간이고, 나머지 네 시간은 하루 중 자유롭게 쓸 수 있는 시간이 되는 것이다. 이 시간에는 휴식을 취해도 좋고, 부족한 공부를 추가로 해도 된다.

나에게 필요한 시간이 얼마인지 알아봤다면 이런 일과들을 패턴으로 나열해야 한다. 이때 중요하거나 필요한 일 위주로 하루를 재배치한다. 공부 시간을 베이스로 두고 공부의 효율성을 높이기 위해 필요한 활동이 얼마나 필요한지를 생각해보자. 하루를 맑은 정신으로 지내기 위한 수면 시간이나 최상의 컨디션을 유지하기 위해 운동하는 시간 등이 있을 것이다. 물론 휴식도 중요한 요소다. 이러한 몇 가지 활동들을 하루 안에 어떻게 배치해야 가장 효율적으로 공부할 수 있을지 고민하다보면 각자에게 가장 잘 맞는 순서가 있을 것이다. 효율적인 수험 생활의 패턴을 만들기 위해서는 자신에게 가장 필요한 것이 무엇인지, 그걸 더 쉽게 이루는 방법이 무엇이 있을지를 생각해보는 시간이 필요하다.

나에게 가장 적합한
생활 패턴은 무엇일까?

하루 종일 기분이나 몸 상태가 한결같이 좋을 수는 없다. 아침에는 정신이 맑았어도 오후가 되면 나른하고, 저녁 때가 되면 지칠 수 있다. 이는 사람마다 달라서 아침에 기운이 넘치는 사람이 있는 반면 오후는 되어야 머리가 돌아간다는 사람도 있다. 이러한 공부 리듬은 체력 관리를 통해 어느 정도 진폭을 줄일 수 있지만 아예 기복이 없을 수는 없다. 따라서 본인의 리듬을 받아들이고 최대한 자신에게 유리한 방향으로 활용하는 것이 좋다.

생활을 재배치하기 전에 자신이 어떤 리듬을 가지고 있는지 파악해보자. 이 리듬은 사람마다 다르고, 자기도 모르게 왜곡되어 있을 수도 있다. 가령 매일 아침 9시까지 출근하는 사람이라면 늘 아침 일찍 일상을 시작했기에 설령 본인이 저녁형 인간이어도 그걸 모르고 있었을 수도 있다. 혹은 밤늦게 커피 마시는 습관이 있었던 사람이라면 저녁형 인간이 아닌데도 밤늦게까지 깨어있는 게 익숙할 수도 있다. 이렇게 나에게 적합한 생활 패턴을 구축하려면 먼저 본인의 리듬을 왜곡하는 요소를 파악해야 한다.

만약 왜곡이 없다면 지금까지의 생활을 하나씩 짚어나가는 과정을 통해 자신의 리듬을 알 수 있다. 아침형 인간인지 저녁형 인간인지, 밥을 먹고 나서 나른해지는지 아니면 소화되기까지 시간이 필요한지, 오전에 활기찬지 오후에 더 힘이 나는지, 집중의 패턴은 어떤지 등을 스스로 판단해보는 것이다. 우선 자신이 아침형인지 저녁형인지 파악하는 것이 시작이다. 수험생이라면 아침형인 것이 조금 더 유리하다. 시험은 대개 아침에 보기 때문이다. 아침형 인간이라면 그대로 아침형 패턴을 잘 유지하면 되고, 저녁형이라면 오전 시간에 정신을 맑게 하기 위한 보조적인 방법들이 필요하다. 가령 일단은 아침 일찍 일어나서 일과를 시작한 후에 잠깐 낮잠을 자거나 저녁에 일부러라도 일찍 잠자리에 드는 등의 방법이 있을 수 있다.

오전과 오후 중에 언제 더 머리가 잘 돌아가는지를 아는 것도 중요하다. 오전에 두뇌 활동이 가장 활발하다면 오전에 가장 어렵거나 중요한 일과를 배치하면 되고, 오후에 쌩쌩하다면 오후에 하면 된다.

식사 후에 나타나는 몸의 반응도 살피는 것이 좋다. 밥을 먹으면 힘이 나는 사람이 있고 한동안은 졸려서 힘들어하는 사람도 있다. 식사 후에 바로 기운이 솟아난다면 그대로 다시 공부하면 된다. 하지만 식사 후에 소화가 안 된 상태라 피곤하고 공부에 집중하기 힘들다면 어떻게 하면 가장 빠르게 나른한 상태를 지나갈 수 있는지 생각해야 한다. 식사를 마치고 잠깐 나가서 햇빛을 쬐면서 걷는 것도 좋고, 밥을 먹을 때 너무 배부르지 않게, 소화가 쉬운 음식을 먹는 것도 방법이다.

한편 자신의 집중력이 어떤 패턴인지도 알아야 한다. 한 번에 몇 분 혹은 몇 시간씩 집중이 가능한지, 그렇게 집중을 한 뒤에는 얼마나 쉬어야 하는지를 파악하고 이 집중의 패턴을 일상과 어떻게 맞물리게 할지 생각해보는 것이다. 예컨대 나는 아침형 인간이라 아침에 기징 집중력이 좋다. 특히 아침에 운동을 하고 간단하게 아침까지 먹고 난 직후에 집중력이 최상이다. 그래서 이 시간을 특히 잘 활용해야 했다. 아침에 수업이 있는 날엔 수업을 들었고 수업이 없는 날엔 아침에 일과 중에 가장 어렵고 하기 싫은 일부터 끝을 냈다. 가장 컨디션과 집중력이 좋을 때 어려운 것부터 해치워야 상대적으로 쉬운 것들만 남아 하루가 순탄하게 흘러갔기 때문이다. 또한 밥을 먹으면 몸이 나른해지곤 해서 식사 뒤에는 잠깐 가만히 휴식을 취하거나 산책하는 시간을 가졌다. 그러지 않으면 오후 내내 속이 안 좋고 집중도 잘 안 되었다. 커피는 웬만하면 피했다. 밤에 잠을 설치는 상황을 방지하기 위해서였다. 또한 오전이나 오후 둘 다 수업이 없는 날에는 점심은 거르고 3시쯤 간식을 먹었다. 한 번 집중하면 보통 두 시간 정도 집중을 하고 십 분쯤 쉬는 패턴을 세 번 반복하는 습관이 있기 때문이었다. 일반적인 생활 패턴에 맞추면 집중력을 백 퍼센트 활용하지 못하고 중간에 흐름이 끊어져 점심을 굳이 챙기지 않았다.

생활 리듬에 맞춰 공부할 내용을 잘 배분하는 것도 중요하다. 공부할 내용을 자세히 따져보자. 이해를 하는 부분, 암기를 하는 부분, 그냥 반복해서 기억만 짚어주면 되는 부분, 머리보다 손의 노동이 필요한 부분 등이 있을 것이다. 이해를 하는 부분은 정신이 맑을 때 하는 것이 좋다. 그래야 연상이 자유롭고 생경한 이론도 쉽게 받아들일 수 있다. 반면 암기가 필요한 내용은 졸리지 않을 때가 적기다. 졸려서 금방이라도 엎드릴 것 같은데 어떤 내용을 반복해서 보려면 정말 고역이다. 반복해서 기억만 짚어주면 되는 부분은 뇌가 일상적인 정도로만 활발하면 된다. 아는 것을 다시 반복하는 것이기 때문에 그렇게 큰 정신적 에너지를 요구하지 않는다. 한편 머리보다 손의 노동이 필요한 부분은 어차피 머리를 크게 쓰지 않아 뇌가 지쳐 있는 상태에서 하는 것이 시간을 효율적으로 쓰는 데 도움이 된다. 뇌가 잘 돌아갈 때 굳이 뇌를 쓰지 않아도 되는 공부를 하는 것은 비효율적이다. 뇌가 지쳐서 더 이상 못 하겠다 싶을 때 손으로 해도 되는 공부를 해주면 공부 시간을 더 확보할 수 있다.

나 역시 하루 종일 자습만 하는 날에는 이 기준에 따라서 일과를 진행했다. 아침에는 머리를 많이 써야 하는 부분, 모르는 것을 새로 알거나 기존의 지식 구조에 새로운 연결 고리를 만드는 공부를 했다. 흔히들 지식을 확장한다고 말하는 작업들이었다. 그리고 아침의 골든타임을 지나고 나면 기본서를 복습하거나 학원에서 새로 받은 프린트물을 암기하는 일들을 했다. 점심을 먹고 몸이 좀 나른할 때는 눈 말고 손으로 하는 공부를 하거나 인적이 드문 곳에서 내용을 소리 내어 말하면서 외웠다. 점심시간 직후에는 졸기가 쉬워서 몸을 조금 움직였나. 그리고 집중력이 떨어지는 오후에는 문제풀이를 통해 아는 것을 확인하고 모르는 것을 짚어내는 작업을 주로 했다. 어느 정도 소화가 되고 집중력을 금방 회복하면 오후에 이해를 하는 공부를 배치하는 경우도 종종 있었다.

저녁을 먹은 뒤에는 길게 쉬었다. 아침 9시부터 공부를 시작했다면 저녁이 되면 최소 일곱 시간은 공부를 한 셈이다. 따라서 조금 더 긴 휴식이 필요했다. 충분히 쉬고 나서 초저녁 때는 머리가 어느 정도 돌아가긴 했지만 빨리 지쳤기 때문에 짧게 끊어서 볼 수 있는 것들을 주로 공부했다. 가령 국사 문제풀이는 상대적으로 문제를 푸는 호흡이 짧지만 영어 독해는 더 긴 호흡으로 가야 한다. 그래서 영어는 웬만하면 오전에 배치하고, 국사나 선택 과목은 저녁에도 봤다. 그리고 집에 가기 한 시간 전쯤부터는 정말 버티기가 힘들었다. 이때의 집중력은 정말 이십 분을 넘기기가 힘들었기에 손으로 하는 공부를 주로 했다. 매일 외워야 하는 루틴들을 해결하는 시간이기도 했다. 사자성어나 국어 속담, 관용구 같은 것들은 그냥 반복하다보면 외워지기에 이때 주로 배정했다.

공부에도
골든타임이 있다

　하루를 재배치할 때에는 공부의 골든타임을 고려해야 한다. 에빙하우스의 망각 곡선을 들어본 적 있을 것이다. 에빙하우스에 따르면 공부한 내용은 수업이 끝난 직후 급격하게 잊히기 시작해서 수업 후 스물네 시간이 지나면 머릿속에는 배운 것의 삼십 퍼센트 정도만 남는다고 한다. 따라서 공부한 내용은 최대한 빨리, 늦어도 스물네 시간 안에 복습하는 것이 매우 중요하다. 특히 수험 생활 초기에는 내용을 배우자마자 바로 자주 복습해야 한다. 처음 공부하는 지식은 이전에 반복한 기억이 없어 더 빨리 잊혀지기 때문이다.

　공부를 할 때 시간의 절대량을 확보하는 것만큼 중요한 것은 적절한 때와 장소를 따져 하루를 사용하는 것이다. 수업을 복습하기에 최적인 시간은 수업이 끝난 직후다. 기억이 생생하게 남아 있기 때문이다. 한편 머리를 많이 써야 하는 복잡한 작업은 머리가 가장 맑고 피곤하지 않은 상태에서 하는 것이 좋다. 반면 굳이 머리를 쓰지 않아도 되는 단순 작업은 다소 피곤할 때 해주는 것이 좋다.

공부에 적합한 장소를 찾아내는 것도 필요하다. 장소는 특정한 기억과 연관이 되어 있다. 한 공간에서 똑같은 행동을 반복하면 그 행동과 공간이 연결되고, 공간 자체가 그 행동을 유발한다.

일상 공간들은 대부분 어떤 목적에 맞게 설계되었다. 지하철역은 사람들이 이동하기에, 상점은 물건을 팔기에, 주방은 요리를 하기에 적합하다. 특정한 공간은 그 공간에서 일어나는 활동을 최대한 지원하도록 만들어졌기에 목적에 맞는 공간에서 그에 적합한 활동을 하면 효율성이 높아진다. 공부도 마찬가지다. 공부는 공부를 위해 만들어진 공간에서 하는 것이 좋다. 본인이 공부를 했던 기억, 공부를 위한 분위기가 조성된 곳이 적절하다. 그래야 자신의 의지 말고도 공부를 도와줄 아군이 하나 더 생긴다. 예컨대 모두가 학습에 열중하는 학원의 자습실이나 독서실에서 공부에 더 쉽게 집중할 수 있는 것처럼 말이다.

어떤 장소에서 공부하는 습관이 일단 만들어지면 자연스레 그 장소에 가면 공부를 하게 된다. 기억을 품은 장소의 힘이다. 하지만 이 장소는 사람마다 각각 다르다. 따라서 무조건 책상 앞에 가만히 앉아 있기보다는 어디서 공부를 해야 공부가 더 잘될지 스스로 찾는 연습이 중요하다. 오래 머무를 수 있고, 집중력을 최대한 발휘할 수 있는 곳이 좋다.

하루 재배치하기

1. 하루 중 자율 학습에 필요한 시간 측정하기
   - 강의 복습 1:30~2:00
   - 문제 풀이 1:30
   - 영단어 정리 0:30

   총 4시간

2. 자율 학습 이외에 반드시 해야 할 일 체크하기
   - 학원 강의 6:00
   - 수면 6:00
   - 식사 1:30
   - 이동 시간 1:00
   - 씻는 시간 0:30
   - 운동 1:00

   총 16시간

3. 새는 시간 체크하기
   - 단장하는 시간 - 같은 옷 돌려 입기
   - SNS 시간 - 꼭 필요할까? 마음이 동요되니 정리

4. 시간 재배치하기

   고려해야 할 요소 : 아침형 인간? 저녁형 인간?
   오전에 두뇌 활동이 활발한지, 오후에 활발한지?
   식사 후에 활기찬지, 나른한지? 등
   → 아침형 인간, 오전에 활발, 식사 후 나른

운동, 이동 시간, 학원 오전 강의, 바로 자율 학습, 식사 후 영단어 암기

마음의
습관 만들기

생활 패턴을 계획할 때 공부만큼 중요한 것은 휴식이다. 휴식을 통해 뇌가 긴장을 풀며 공부한 정보를 저장하기 때문이다. 다만 휴식을 취할 때는 효과적으로 해야 한다. 짧은 시간 내에 긴장을 풀 수 있도록, 휴식 중에 배운 내용을 잊지 않도록 적절한 휴식법을 찾는 것이 중요하다. 나는 토막 기사나 인터넷에 게시된 유머러스한 글을 보는 것을 택했다. 시간을 많이 쓰지 않으면서도 웃으며 스트레스를 풀기 위해 짧고 단순한 글들을 일부러 골랐다. 그런 것들은 한 번 보고 웃고 잊어버리면 그만이어서 크게 부담이 되지 않았다. 반대로 드라마나 책 같이 감정을 자극하는 것들은 일부러 보지 않았다. 감정을 자극하는 강렬한 정보는 강렬한 기억을 남긴다. 반면 그렇지 않은 정보는 차곡차곡 쌓이는 강렬한 기억에 묻혀 희미해진다. 공부해서 쌓은 지식들은 감정이 섞일 수 없는 밋밋한 내용들이라 가뜩이나 기억에 남기기 힘들다. 그런데 기껏 공들여 공부한 내용 위에 강렬한 감정을 유발하는 정보들이 얹히면 애써 공부했던 것들이 밀려나 버린다.

한편 마음에도 습관이 생긴다. 매사를 대충 생각하는 습관이 들면 모든 일을 대충하게 된다. 긍정적으로 생각하는 습관이 들면 범사에 긍정적인 사람이 된다. 따라서 생활 패턴 만들기는 행동뿐만 아니라 마음의 영역에도 적용해야 한다. 아침 일찍 일어나서 공부를 시작하는 습관을 들였다고 해도 마음 자체가 정돈되어 있지 않으면 소용이 없다. 일상에서 습관적으로 자신이 어떤 태도를 취하는지, 해야 하는 일들에 충분히 공을 들이는지 혹은 대충 해치우는 습관이 있는지를 살펴보고 대충 하는 습관이 있다면 고치는 것이 좋다.

하루를 규칙적으로 운용하는 습관이 중요한 만큼 마음의 결을 차분하게 다듬는 것도 중요하다. 마음의 결을 다듬는 것이란 마음이 다른 곳으로 쉽게 옮겨가지 않게 붙잡는 것이다. 잘 모르겠다면 일단 공부하기 위해 책상 앞에 앉아 있는 일부터 시작하자. 책상 앞에 조금만 앉아 있으면 좀이 쑤시면서 더 재미있는 일들이 떠오르고 괜히 청소가 하고 싶어질 수도 있다. 하지만 공부가 안 되어서 잠깐 쉬고 싶다고 자리를 비우지 말고 안 되어도 계속 자리에 앉아 있자. 집중을 유지하는 연습을 하는 것부터가 시작이다. 일단 공부에 집중하는 버릇을 들이고 그 시간을 늘려나가면 몇 시간씩 공부하는 것도 가능하다. 이렇게 천천히 공부 시간과 집중력을 늘려나가면서 일상을 일관되게 정돈하는 것이 마음의 습관을 만드는 첫걸음이다. 쉽고 빠르게 가기 위해서는 단순해야 한다. 일상의 모든 순간이 하나의 목표를 향해야 한다.

마음과 생활 모두 공부에 가장 효율적인 패턴을 만들기 위해서는 공부를 시작하는 첫 두 달이 가장 중요하다. 어릴 때부터 길들여진 습관을 바꾸는 것이 쉽지 않듯 이때 만들어진 공부 습관은 끝까지 간다.

공부를 시작한 지 첫 두 달째는 체력도 의욕도 넘치는 시기다. 이때 마음을 잘 길들이면 앞으로의 수험 생활이 수월하다. 따라서 초반에는 힘들더라도 밀어붙이는 방식으로 시작하는 것이 좋다. 처음부터 공부량이 다소 많게 느껴지는 수준에서 시작하자. 힘들어도 곧 익숙해진다. 또한 초기에 공부량을 많이 잡아 과감히 진도를 나가면 과목의 전체 흐름을 파악해 지식의 구조를 만들기 쉽다. 빨리 흐름을 파악할수록 다음 단계의 공부가 훨씬 수월해진다.

처음에 공을 많이 들여서 지식 구조를 잘 잡고 살을 붙이며 구조를 다듬는 작업을 지속해나가면 점수는 차차 오른다. 반면 초장에 시간을 들여 기본적인 내용들을 제대로 공부하지 않으면 공부의 틀이 잡히지 않아 다음 단계의 정보들을 효과적으로 받아들이기 힘들다. 초기에 공부와 생활의 틀을 잘 잡아놓자. 그 다음은 습관대로 자연스럽게 흘러간다.

초기에 하루의 공부 습관을 들이는 것의 또 다른 장점은 수험 생활이 예측 가능해진다는 것이다. 즉 매일이 규칙적으로 반복되어 주어진 시간에 주어진 일을 얼마나 할 수 있을지 알 수 있는 데이터가 쌓인다.

또한 수험 생활을 하루 단위로 쪼개서 공부 패턴을 만드는 방법은 '합격할 때까지 하루 종일 공부할 거야'라는 막연한 생각을 가지고 공부를 시작하는 것보다 심적 부담이 덜하고 지치지도 않는다. 수험 생활이 지치는 가장 큰 이유는 내가 해야 할 공부의 '끝'이 보이지 않기 때문이다. 하지만 하루에 필요한 공부 시간을 계산하고 그만큼을 공부한다면 그렇게 적어도 오늘 하루는 무사히 끝냈다는 뿌듯함을 느낄 수 있다.

똑똑한 스케줄러 활용법

지금까지는 하루를 어떻게 구성하여 생활 패턴을 만들 수 있을지를 고민해왔다. 하지만 이런 시간들이 제각각 따로 논다면 결론적으로 아무런 의미가 없다. 수험 생활을 전체적으로 봤을 때 습관적으로 보내는 하루하루가 수험 기간 내내 원활하게 이어져 합격이라는 최종 목표까지 도달하는 커다란 사이클이 형성되어야 한다.

이 사이클을 만들 때는 스케줄러를 활용하면 편리하다. 간단한 스케줄러를 통해 어느 과목은 언제까지 마무리할지, 언제 무엇을 한 번 더 복습할지, 이대로 진행하면 시험까지 몇 번이나 볼 수 있을지 등 전체적인 일정을 한 번에 보고 관리해보자.

스케줄러는 공부 진도를 관리하는 데도 유용하다. 시험일을 데

드라인으로 잡고 필요한 전체 공부량을 파악한 뒤 일일 할당량을 배정해서 계획을 세우면 본인이 의도한 진도대로 공부를 다 끝낼 수 있다. 또한 어느 한 과목에 편중되지 않게 과목별 공부 시간을 배분할 수 있어 유리하다.

스케줄러는 총 세 개로 작성할 수 있다. 첫 번째는 합격까지 전체적인 계획을 짠 스케줄러로 각각의 달마다 해야 하는 공부를 배분한다. 그다음은 처음 작성한 월별 스케줄을 주 단위로 끊어 한 주의 계획을 세운다. 그렇게 세운 한 주의 스케줄을 다시 하루하루로 나눠서 일 단위의 계획을 잡는다.

물론 말처럼 쉽게 모든 예측이 가능하지는 않다. 늘 변수는 생기기 마련이다. 따라서 나는 공부해야 할 과목들을 고르게 보고 반복하는 것에 집중해 계획을 세웠다. 그 후 일일 공부량은 할 수 있는 양보다 조금 더 많이 배분했다. 이렇게 하면 계획을 지켜야 한다는 의무감 때문에 압박감이 들어 집중력을 더 높일 수 있다. 나아가 자신의 역량보다 높은 과제에 도전하는 것은 스스로와의 싸움이다. 이 싸움에서 이겼을 때 얻는 성취감 자체가 수험 생활의 소소한 즐거움이 되기도 했다.

일별 스케줄은 매일 메모지에 적어 책상에 붙여두고 하나씩 지워가며 공부했다. 메모지에 적힌 모든 항목에 줄이 그어진 날에 집

월별 스케줄러 만들기

초기	공통 과목 한국사, 영어, 국어 공부 base 완성	1월	전근대사 base, 영어 공부, 국어 문법
		2월	근대사 이후, 영어, 국어 독해
중기	선택 과목 공부, 공통 과목 복습	3월	공통 과목 문제별 단원 정리 풀이, 선택 과목 내용 정리
		4월	공통 과목 기출 문제 정리, 선택 과목 내용 정리
후기	전체 복습	5월	공통, 선택 과목 실전 연습
		6월	공통, 선택 과목 전체 실전 연습

주별, 일별 스케줄러 만들기

1월 : 전근대사 base, 영어 공부, 국어 문법

첫째 주	국사 선사~고대사 공부, 국어 어휘, 영어 수업 복습
둘째 주	국사 삼국사 공부, 고대사 복습, 국어 어휘, 영어 수업 복습
셋째 주	국사 고려사 공부, 삼국시 복습, 국어 분법, 영어 수업 복습

월	화	수	목	금	토·일
국어 어휘 쓰기, 고대사 전체 복습, 국어 복습	영어 단어 정리 어휘 암기, 국사 복습, 국사 주요 사항 암기	국사 삼국 사회 이후 암기, 영어 복습, 국어 어휘 쓰기, 문법 암기, 영어 단어 30개 정리	영어 복습, 국어 어휘 쓰기, 영어 관용어, 단어 정리 끝	국어 복습, 국어 어휘 쓰기, 영어 관용어, 단어 정리 끝	밀린 것 보강

넷째 주	국사 조선 공부, 고려사 복습, 국어 문법, 영어 수업 복습

에 가면서 느낀 뿌듯함과 작은 성취감은 다음 날에도 공부에 집중하도록 만드는 원동력이 되어주었다. 이렇게 매일 작은 성취감을 얻을 수 있도록 일정을 적절하게 배분하는 것은 지루한 수험 생활에 활력을 불어넣는다.

한편 일별 과목 배분은 매일 모든 과목을 조금씩 다 하는 것으로 방향을 잡았다. 매일 해야 하는 복습, 한자, 문제 풀이, 단어 정리 등이 기본으로 들어가고 그 밖의 내용들은 학원 수업 스케줄이나 장기 일정에 맞추어 계속 바꾸었다. 시기별로 공부의 초점이 조금씩 달랐기에 배분 비중과 공부 방법도 조금씩 바꾸었다. 다만 어떤 방식으로 공부하든 한 주에 배정한 내용은 그 주에 무조건 마치는 것이 원칙이었다.

스케줄러를 쓰다보면 가끔 해야 할 분량의 반도 못하는 날도 있다. 하지만 지나치게 자책할 필요는 없다. 매일 같은 일을 반복하다 보면 기복이 있기 마련이고 또 무엇을 하든지 일이 하루쯤 밀리는 경우는 흔하다. 공부할 내용이 예상보다 훨씬 복잡하거나 예상 외의 보강이나 시험, 특강들이 잡히는 경우가 있기 때문이다.

하지만 하루의 일과를 끝내지 못했다고 해서 한 주의 계획까지 달성하지 못하면 안 된다. 한 주의 계획이 밀리면 점점 다음 주에 해야 하는 공부의 양이 버거워져 한 달, 전체 공부를 망치기 마련이다.

그래서 매주 일요일은 빠진 것을 보충하고 부족한 공부를 더 하는 날로 두고 스케줄러의 일요일 부분은 비워둔 뒤 한 주 동안 공부를 하며 그때그때 적는 것이 좋다. 나는 일일 공부 내용 중 미처 다 끝내지 못한 내용이나 수업을 듣다보니 새로 발견한 모르는 내용들은 일요일에 따로 모아서 공부했다. 그렇게 일요일 일정까지 마무리해서 한 주의 진도를 다 끝낸 후 쉬기 전에 다음 주에 나갈 진도 내용을 미리 스케줄러에 적어 놓았다. 이렇게 하니 일요일에 조금 쉬어도 공부 흐름이 끊기지 않았고, 월요병도 없이 공부를 이어나갈 수 있었다.

만약 감당하지 못할 만큼 공부가 밀렸다면 밀린 부분은 과감히 포기하고 계속 진도를 나가는 게 낫다. 공부할 내용은 크게 보면 한정되어 있고 시험까지 그 내용을 반복해서 외우는 것이 수험 생활의 핵심이다. 따라서 지금 놓친 부분은 차후에 복습을 하면서 다시 볼 기회가 있다. 이미 놓쳐버린 일이고 지금 당장 그 부분을 해결할 수 없다면 과감히 잊고 지나가는 것이 최선책이다. 지금 당장 안 되는 것, 할 수 없는 것을 계속 붙잡고 있으면 빨리 끝내고 다음 공부를 해야 한다는 스트레스에 지금 해야 할 공부를 못하게 된다.

스케줄러는 매일 보고 늘 들고 다니는 것인 만큼 스케줄러에 목표를 적어놓거나 인생 전반을 이상적으로 스케치하는 것도 좋다. 스케줄러 맨 앞장에 굵은 펜으로 목표를 큼지막하게 써놓자. 그렇게 매일 목표를 보고 되새기면 도전 의식도 생기고 꼭 이루고 말겠다는 오기도 든다. 유치하고 남 보기에 부끄러워도 상관없다. 어차피 내가 이룰 나만의 목표고, 중요한 것은 그것을 이루는 것이다.

스케줄러 뒷부분의 빈 메모 페이지에는 수험 생활 동안의 전반적인 로드맵을 그려놓고, 기간별 목표를 적어놓는 것이 전체 일정을 상기하기 용이하다. 이때 그 목표들은 순차적으로 연결되어 결과를 쌓아나간 후 최종적으로는 합격을 향하도록 만들어져야 한다. 각 기간별로 해야 하는 일이 무엇인지 수시로 확인하고, 지금 그 목표를 얼마나 달성했는지 점검하다 보면 공부가 밀리지 않는다.

미리 작성한 스케줄러에 따라 공부할 때는 매일 할 일을 놓치지 않고 하는 것이 가장 중요하지만 전체적인 일정이 원활하게 흘러가고 있는지 점검하는 일도 못지않게 중요하다. 스케줄러를 작성하는 근본적인 이유는 하루를 낭비하지 않기 위해서지만 그 하루가 단지 하루에 머물러서는 안 된다. 최종적인 결실을 보는 날은 시험일이고, 모든 계획은 시험 당일에 맞춰 만들어져야 한다. 최종적으로 완성해야 하는 목표를 항상 염두에 두고 주별, 일별 일과를 계획하면 공부량 관리에도 자신감이 생긴다.

수험 생활은 전부 스스로 알아서 꾸려나가야 하는 시간이기에 선택할 것이 너무 많아 부담이 되기도 한다. 그래서 자칫 잘못하면 생활 패턴이 흐트러질 수 있다. 이럴 때는 학원이나 강의 시간표를 활용해 하루의 계획을 세우는 것도 좋은 방법이다. 학원 수업 시간을 적절히 배치하면 수업을 가장 잘 활용할 수 있는 시간표를 만들 수 있다. 방법은 다양하다. 집중이 잘 되는 시간에 수업을 듣거나 반대로 집중력이 가장 흐트러지는 시간에 수업을 들을 수도 있다. 좋아하는 선생님 수업만 골라 들을 수도 있고, 하루에 한 과목만 듣고 나머지 시간에는 자습만 하도록 배치할 수도 있다. 수업 복습이나 질문, 자습 시간과의 연계도 고려해야 할 중요한 요소다. 결과적으로는 다른 사람이 아닌 바로 나 자신이 언제 무엇을 해야 최적일지를 생각해보는 과정이 핵심이다. 결국 공부는 스스로 하는 것이지 누가 해주는 것이 아니다. 다른 사람의 말에 휘둘리지 않고 자신에게 가장 잘 맞는 시간표를 스스로 찾아야 한다.

내가 선택한 방법은 되도록 아침에 수업을 듣는 것이었다. 아침 수업을 고집한 이유는 아침 시간을 어영부영 흘려버리면 하루가 그냥 흘러가 버리는 게 싫었기 때문이다. 아침 일찍 일어나는 습관을 들이기 위해 그리고 그 패턴을 유지하기 위해 아침 수업을 들었다. 또한 공무원 시험은 아침에 시작해서 오전 중에 끝나기 때문에 오전 시간에 맑은 정신을 유지하는 것이 중요하다고 판단했다. 공무원 시험은 아침 10시에 시작해서 11시 40분까지 백 분간 치러진다. 보통 9시까지는 입실이고, 9시 30분부터는 보던 책을 다 집어넣고 대기한다. 그 대기하는 시간 동안에는 머릿속으로 아는 내용들을 되짚는다. 그렇다면 최소한 시험이 시작되는 10시부터 11시 40분까지는 뇌가 최상의 상태여야 한다. 그래야 배운 것을 백 퍼센트 발휘할 수 있다.

수업 과목을 배정하는 데도 신경을 썼다. 공무원 수업은 네 시간 단위로 이루어지는데 만약 같은 과목을 하루에 두 개 들어버리면 하루에 여덟 시간을 그 과목만 공부하게 된다. 그러면 집중력이 떨어지는 것은 물론이고, 배운 것을 다시 한 번 읽어볼 시간이 생겨도 '어차피 오늘은 이것만 여덟 시간 하니까'라는 생각에 안이해진다.

나는 공부를 시작했을 때 한국사가 취약 과목이었다. 불안한 마음에 한국사를 세 개 수업을 동시에 수강했다. 두 달 동안 두세 번 정도 오전 시간, 오후 시간, 저녁 시간 전부 한국사만 들은 날도 있었다. 그런 날은 복습은커녕 집중력이 바닥을 쳤고 집에 갈 때도 너무 힘들어서 어떻게 갔는지 기억도 나지 않았다. 게다가 복습이 통째로 다음 날로 밀려버리니 복습을 제대로 하기도 힘들 뿐더러 다음 날 일과까지 꼬여버리곤 하는 난감한 상황들이 이어졌다.

이처럼 공부 시간표를 짤 때는 나의 욕심에 쫓겨서 무리하게 계획해서는 안된다. 내 역량보다 살짝 무겁게 계획하되 나의 두뇌 리듬에 맞춰 고효율적으로 짜는 것이 핵심이다. 물론 시간표 배치가 항상 마음대로 되지는 않는다. 학원이나 선생님의 사정에 맞추어 수업 시간이 배정되기 때문에 마음에 드는 시간표가 항상 만들어지지는 않고 시간이 겹쳐 어느 과목을 못 듣게 되는 경우도 있다. 그렇지만 주어진 상황에서 최선의 것을 잘 골라내려 노력해야 한다. 한 번 짠 시간표는 대략 두 달 정도의 공부 스케줄에 절대적인 영향을 준다.

사람마다 집중이 가장 잘 되는 시간대와 집중 패턴은 다 다르다. 또 언제, 몇 시간 단위로 공부할 때 가장 덜 피곤하고 집중이 잘 되는지도 각각 다르다. 이걸 파악하는 것은 결국 자신의 몫이다.

공부 중간에 쉬는 시간이 얼마나 필요한지 파악하는 것도 좋다. 이는 그동안 혹은 학창 시절에 공부를 할 때 어떻게 공부하는 것이 가장 편했는지 떠올려보면 대강은 알 수 있다. 그런 경험을 바탕으로 자신에게 맞는 생활과 공부 패턴을 만들고 활용한다면 공부의 효율은 더 높아진다.

2

무조건
외우지
마라!
치사한
암기술

어떻게
외울 것인가

　사람은 어떤 정보를 접했을 때 그것을 스키마, 즉 본인의 인식구조에 의거해 분석하고 받아들인다. 같은 것을 봐도 사람마다 이해하고 기억하는 내용이 다른 이유가 이것이다.
　나이가 들수록 이해력이 높아진다는 말처럼 경험과 지식이 많아지면 스키마는 촘촘해진다. 따라서 스키마에서 뽑아낸 레퍼런스의 수가 많을수록 새로운 지식을 받아들이기 쉽다. 새로운 정보와 알고 있는 정보를 연결시켜 익숙하게 이해할 수 있기 때문이다. 이렇게 이해한 것은 굳이 외울 필요 없이 자연스럽게 흡수된다. 또한 새로 받아들인 지식은 그 자체로 하나의 레퍼런스가 되고 다른 기억들과 연관을 맺는다. 이렇게 잘 연결된 정보들은 나중에 다시 불러내기도 쉽다. 해시 태그가 많이 붙은 게시물이 검색에 더 잘 걸리듯이 연결고리가 많은 기억은 쉽게 떠오른다.

하지만 새로운 정보를 판단할 인식 구조가 전혀 없다면 어떨까? 이럴 때는 완전히 새로운 뼈대를 만들어주어야 한다. 그리고 이 뼈대를 건설하는 일은 생경한 정보를 반복 학습하여 익숙해지는 것부터 시작된다. 사칙연산을 하기 전에 우선 숫자부터 알아야 하듯 아무런 정보가 없다면 반복을 통해 참조할 기본 정보를 암기해야 한다. 이렇게 생각의 뼈대를 만들 단편적인 정보들이 바로 '외워야 할 것'이다.

대표적인 것이 바로 맞춤법이다. 한자나 영어 단어도 마찬가지다. 물론 이 단어가 어떤 방식으로 만들어졌고, 어떤 방식으로 띄어쓰기를 하는지를 이해하면 더 좋을 수도 있다. 하지만 시험 공부를 할 때 단어와 맞춤법을 외우는 이유는 그를 이용해 심화 문제를 풀기 위함이지 그 정보 자체의 생성 원리를 탐구하기 위함이 아니다. 따라서 이렇게 앞으로 공부의 토대가 될 단편적인 지식들은 문제를 풀 만큼만 외우면 되지 그 이상은 굳이 공부하지 않아도 된다.

이러한 정보들은 '왜'라는 질문이 유효하지 않다. 이미 그렇게 정해져 있는 것이고, 다들 그렇게 쓰기로 사회적으로 약속한 영역이다. 따라서 우리는 정해져 있는 약속을 받아들이고 규칙에 맞게 활용하면 된다. 국사, 국어의 어문 규정, 영어 단어, 한자, 사자성어 등도 마찬가지다. 이런 것들은 암기로밖에 해결이 되지 않거나 암기가 차라리 더 빠른 영역이다.

단순 암기는 가장 쉬워 보이지만 사실 말처럼 그렇게 쉬운 것이 아니다. 사실 시험에 나오는 모든 것을 기계처럼 통째로 외울 수 있다면 아무런 걱정이 없을 것이다. 하지만 그렇게 할 수 있을 정도로 시간적인 여유가 있고 암기력이 좋은 사람은 흔치 않다. 또한 전혀 알지 못하는 것을 외우는 것은 이미 배경 지식이 있는 것을 외우는 일에 비해 시간이 상당히 오래 걸린다. 우리가 접하는 지식 대부분은 배경 지식을 참조해서 이해되기 때문이다. 반면 아예 처음 보는 정보를 머릿속에 넣으려면 다른 지식 구조와의 유사성을 찾거나 그 지식을 이해하기 위한 구조를 새롭게 세워야 한다. 철자도 모르는 외국어의 단어를 외울 수 없는 것과 같다.

시험 당일까지 시간은 한정되어 있고, 암기는 시간이 오래 걸리고, 나는 기계가 아니다. 도대체 어떻게 해야 할까? 답은 이해하는 것처럼 암기하는 것이다. 즉 내 앞에 놓인 정보를 그 자체만으로 받아들이지 말고 어떤 레퍼런스로 이해할 수 있을지, 기존에 알고 있던 정보와 어떤 연관을 맺을지 고민해보는 것이다.

머릿속에 가지고 있는 레퍼런스를 새로 접한 정보와 엮는 방법은 다양하다. 그들 간의 개연성을 찾아서 나름의 논리를 만들 수도 있고 정보가 놓인 맥락을 찾아 스토리를 짚어내거나 감정이입을 하는 방법도 있다. 둘 중 쉬운 방법은 개연성을 찾는 방법이다. '그럴 만하다'는 개연성은 보편성에 의존하므로 유사한 레퍼런스를 찾을 수 있어 이해가 쉽다. 또 이렇게 받아들인 정보는 새로운 지식을 받아들일 때 유용한 레퍼런스로 확장될 수 있다.

시험 공부는 적시에 필요한 지식을 꺼내 쓰기 위한 것이므로 연상이나 브라우징이 쉬운 형태여야 한다. 문제에 필요한 지식을 찾아 정확하게 답을 해야 하는 만큼 키워드들 간의 연결이 단순할수록 좋다. 또한 참조할 레퍼런스가 많고 지식들 간의 연관 고리가 많아야 한다. 그래야 정보들이 꼬리에 꼬리를 물고 튀어나온다.

어떤 키워드를 만드는 작업은 암기를 통해서 이루어진다. 외워야 할 것을 정확히 외우려면 어떤 것을 이해하고 어떤 것은 암기할 것인지 우선 구분해야 하고, 이는 암기의 과정에 포함된다. 요약하자면 시험을 위한 공부에는 이해와 암기가 둘 다 있어야 한다. 다만 최대한 이해를 한 후에 암기를 하는 것이 공부를 효율적으로 하기 위해서도, 나중에 문제를 잘 풀기 위해서도 필수적이다.

재미가 배가 되는
스토리텔링 암기법

이야기는 본능적이다. 이야기가 주는 재미와 감동은 논리보다 강렬하고 기억에 뚜렷하게 남는다. 이미 우리는 수많은 이야기를 들었고, 기억하고 있고, 그것들은 무의식 속에 남아 인식의 틀을 제공한다. 그렇다면 우리가 무의식 속에 갖고 있는 이야기 구조를 공부에도 활용할 수 있을 것이다.

외워야 하는 내용들을 하나의 스토리로 엮으면 외우기도 다시 기억해내기도 훨씬 쉽다. 우선 정보들이 하나로 정돈되고, 하나의 스토리를 만드는 과정에서 익숙한 이야기 구조를 차용해 정보와 친숙해질 수 있기 때문이다. 완전히 낯선 것보다는 이미 알고 있는 것과 비슷한 것, 익숙한 것을 받아들이기가 훨씬 수월하다. 게다가 재미있기까지 하다.

이야기는 합리적일 수도 있고 비합리적일 수도 있다. 합리적인 이야기를 만들고 싶다면 정보들 간의 말이 되는 개연성을 찾아주면 되고, 합리적이기 힘들다면 상상력을 동원해 감정을 이입하거나 정보들 간의 작은 연관성을 찾아 엮어주면 된다. 그렇게 한번 이야기를 만들고 그 이야기의 흐름만 잘 챙기면 거기에 묶인 정보들은 저절로 기억된다.

먼저 합리적인 이야기를 만들어보자. 합리적인 이야기 구조는 수도 없이 많고 익숙해서 기억하기 쉽다. 다만 이런 이야기를 공부에 적용할 때는 재미있는 구조를 찾아내기가 다소 까다롭다. 지식들은 영화나 소설처럼 시간 순이나 기승전결로 정리되어 있기보다는 어떤 연관성에 의해 한 범주로 혹은 챕터로 묶인다. 그리고 이 챕터들을 가르는 기준은 합리적일 수는 있지만 재미는 없는 경우가 많다. 즉 재미있는 이야기가 가지는 특유의 긴장감이나 어떤 성격을 찾기는 힘들다. 게다가 지식은 성격이나 감정과는 별개의 영역이다. 대부분 우리가 공부해야 하는 지식은 그저 정보 그 자체일 뿐이기에 다른 정보들과의 연관을 통해 구도를 만들 수는 있지만 이야기를 진행시키기를 기대할 수 없다. 이럴 때 상상력이 필요하다. 이야기 만들기가 어렵다면 감정이입을 해보면 더 쉬워진다. 무미건조하고 재미없는 것일수록 이런 식으로 채색해주는 것이 크게 도움이 된다.

이런 작업이 가능한 지식이 바로 국사다. 국사는 그 자체로 방대한 이야기다. 물론 그래서 암기해야 할 팩트들이 많지만 그 팩트를 잘 연결하면 외우기가 더 쉬워진다. 예컨대 병자호란과 광해군의 중립 외교를 각각 외울 수도 있지만 그 사이에는 병자호란의 여파로 광해군이 중립 외교를 선택하게 되었던 인과관계가 존재하고 이 개연성을 이해한다면 자연스레 두 가지 역사적 사실이 연결된다. 각 사건들은 서로 어떤 영향을 미치는지, 각 사건에서 연관된 인물들은 어떤 생각을 했을지, 앞의 사건과 뒤의 사건이 어떤 인과관계를 가지고 있는지, 특정한 사료가 왜 나왔고 당대의 어떤 요소를 반영하고 있는지 배경에 깔린 이야기들을 찾아볼 수 있다. 그렇게 살피다 보면 사건들 간의 개연성이 보인다.

가령 고려 말의 불교의 타락을 염두에 두고 생각해보면 조선이 왜 숭유억불 정책을 펼쳤는지 자연스럽게 이해가 된다. 유학자들이었던 조선의 신진사대부들에게 고려의 타락한 불교는 배척하고 없애버려야 할 대상으로 보였을 것이다. 이와 연관해서 보면 정도전이 왜 불씨잡변을 썼는지까지 연결이 된다.

다음으로 이야기의 핵심 요소 중 하나는 인물이다. 이야기 속에 등장하는 인물들의 마음을 이해한다면 이야기는 자연스럽게 연결된다. 상황을 상상하고 감정을 이입해보면 그들이 어떤 상황에서 어떤 생각을 했기에 그런 선택을 했는지를 알 수 있기 때문이다. 가령 경주의 불국사와 석굴암은 통일신라 경덕왕 때 건립되었다. 당시 불교는 왕가의 종교로, 왕즉불 사상을 바탕으로 왕의 권위를 세우는 방책으로도 활용되었다. 왕이 곧 부처이니 왕의 권위는 하늘과 같았을 것이다. 종교 건축물은 해당 종교의 권위를 세우고 신앙심을 깊게 하기 위해 건립된다. 건물이 웅장하고 아름다울수록 그 종교에 대해 경건한 마음이 들게 되니까. 그런데 경덕왕의 재위 시기는 신라 중대, 그 중에서도 귀족세력이 성장하면서 왕권이 흔들리던 시기였다. 그렇다면 경덕왕이 불국사 같은 건축물들을 지은 이유는 불교의 위상을 높임으로써 왕권의 위상도 함께 높이기 위함이었다고 추측이 가능하다. 비슷한 경우가 선덕여왕 때도 있었다. 당시에도 여자가 왕이 된다는 것은 이례적인 일이었다. 백제가 이를 빌미로 신라에 침입했다는 이야기가 있을 정도다. 아마 선덕여왕도 여자라는 핸디캡을 극복하기 위해 불교의 권위를 빌려 왕권을 강화하고 싶었을 것이다. 그래서 당시에 지어진 건물 중에는 분황사와 황룡사 9층 목탑이 있다.

    스토리텔링 암기법은 국사 같이 시간의 흐름이 있는 공부에만 활용할 수 있는 것이 아니다. 영어나 국어의 규칙들을 외울 때에도 활용할 수 있다. 이럴 때는 비합리적 이야기 만들기가 큰 도움이 된다. 문법이나 맞춤법 같은 지식들이 딱딱한 규칙으로만 다가오면 정말 외우기 힘들다. 멋없이 뻣뻣하기만 하고 그것들을 공부하는 데 있어 내용에 조금도 공감이 되지 않기 때문이다. 이럴 때 스토리를 만들어 멋없는 규칙들에 성격을 부여하거나 상황을 가정해 나름대로의 이야기를 입힐 수 있다. 의인화를 하는 것도 좋다. 예를 들어 보자.

> **국어의 'ㅎ탈락' 현상**
>
> 모음과 울림소리 뒤에 오는 'ㅎ'은 'ㅏ'가 떨어져도 살아남고 울림소리가 아닌 자음 뒤에서는 'ㅎ'도 'ㅏ'와 같이 탈락한다.

이게 뭔가 싶다. 물론 사실 일상에서 아주 흔한 현상이다. 하지만 이러한 지식들을 생활에서 의식하며 말하는 사람이 몇이나 되겠는가. 게다가 설명도 복잡하다. 그래서 이런 공부를 할 때는 스토리를 입혀 마음대로 재미있게 외워보았다.

실제로 자음과 모음에는 성격이 없고 그냥 언어의 기초 요소로 존재할 뿐이다. 하지만 나는 성격을 부여했고 우습고 유치한 이야기이지만 기억에 잘 남았다. 내가 만든 스토리는 이런 이야기였다.

국어의 'ㅎ탈락' 현상

모음이나 울림소리 = 유(有)성 = 있는(有) 집 애들 = 'ㅎ'을 붙여 놔 줄 만큼 넉넉

나머지 자음 = '무(無)'성 = 'ㅎ'을 붙여줄 여유가 없음(無)
= 'ㅎ'까지 탈락

이렇게 자신만의 스토리를 만들어주면 단순히 내용을 반복해서 암기하는 것보다 쉽게 접근하고 또 기억할 수 있다.

국어의 음운체계 조음방법과 조음위치로 소리를 분류한 표를 외울 때에도 마찬가지였다. 당시 수강하던 학원의 선생님은 초성 순서대로 〈부듯가 조선해 나라마음〉이라고 외우라고 알려줬다. 하지만 그냥 단어로 말장난을 하는 것만으로는 잘 외워지지가 않았다. 그래서 이것을 〈부듯가(에서) 조심해, (왜냐하면) 날라(갈까봐) 마음(이)…….〉라는 문장으로 만들었다. 그리고 여기에 바람이 많이 부는 바닷가에서 무언가를

걱정하고 있는 사람이 있는 장면을 상상했다. 이 문장을 만드는 동안 자연스레 그 이미지가 머릿속에서 떠오른 걸 보면 아마 영화나 소설 어딘가에서 본 적이 있는 장면이었을 것이다. 그리고 이 장면에 얽힌 이야기도 무의식 속 어딘가에 걸려있을 테다. 이렇게 이야기를 만들고 상상하며 공부했더니 그냥 외우는 것보다는 내용을 기억하기가 더 쉬워지곤 했다.

이미 만든 스토리에 '대조'나 '유사' 같은 다른 종류의 연관성을 찾아서 비합리적 이야기 구조를 만들 수도 있다. 앞서 말한 조선초기의 숭유억불을 다시 꺼내보자. 여기에 '대조'라는 고리를 걸어보면 불교를 배척했던 신진사대부와는 '대조'적으로 조선의 세조, 수양대군은 불심이 깊어 원각사를 한양에 지었다. 그것이 현재의 탑골공원이고, 거기에 있는 원각사지 10층 석탑이 국보 2호라는 것까지 꼬리를 물고 이야기가 이어진다. 비합리적인 구조에서는 사건들 간의 인과관계나 서술구조 등은 없지만 직선과 곡선이 대조를 이루듯이 어떤 요소들 간에 명확하게 정의할 수 있는 연관성이 있다. 그것이 대조든 유사든 대칭이든 그 고리를 찾아내서 점점이 사건들을 연결해주면 된다. 여기서는 전체적으로 말이 되느냐 여부보다 연결되었다는 것 자체가 중요하다.

꼬리에 꼬리를 무는
연관성을 찾아라

　지식들을 스토리텔링으로 묶어내기 쉽지 않거나 묶어야 할 내용이 너무 많을 때는 연관성만 찾아주는 것도 방법이다. 이야기를 분해해보면 결국 더 작은 연관성, 즉 인과관계로 나뉘고 여기에는 일정한 패턴이 있기 마련이다. 그 패턴이 무엇을 기준으로 만들어지는지 어떤 규칙이 있는지를 찾고 패턴들 간에는 어떤 차이가 있는지를 찾아내면 연관성을 판단하기 더 용이하다. 가령 유사한 것들, 공통 요소를 가진 것들끼리 묶거나 이미 묶여진 그룹 간의 차이에 주목할 수도 있다. 반복되는 사건들에 깔린 규칙성을 찾아낼 수도 있고, 마인드맵을 하듯 무작위적으로 연결 고리를 선택해 정보들을 연결할 수도 있다. 어떤 연관성을 찾든 정보들이 파편화되지 않고 그 연관성을 통해 하나로 잘 묶여 기억될 수 있으면 된다. 공부한 지식이 맥락 없이 떠돌지 않고, 사고의 흐름 안에 편입되도록 하는 것이 연관성을 지어 암기하는 가장 큰 이유다.

예를 들어보자. 우리말의 어근이나 접사처럼 영어 단어는 쪼갤 수 있다. 그리고 쪼개진 단어 조각의 몇몇은 특정한 의미를 가지고 있다. 단어들이 어디서 어떻게 쪼개지는지를 알고 쪼개진 단어 조각의 의미가 무엇인지 안다면 영어 단어를 외우는 데, 모르는 단어가 나왔을 때 의미를 추측하는 데 훨씬 유리하다. 단어 조각들을 기준으로 단어들을 그룹지어 외울 수도 있고 그 단어 조각이 영어 단어의 뜻을 추측하는 힌트가 되어주기 때문이다. 예컨대 'Re-'로 시작하는 단어들은 '다시'라는 의미가 있다. Renew 재개하다, Return 돌아가다 처럼. 또 'Ex-'가 붙은 단어들은 어떤 영역 바깥에 있다는 의미가 있다. Exclude 제외하다, Extend 확대하다 등이 그 예이다. 구어체에서는 '예전'이란 의미로도 쓰이기도 한다. Ex-boyfriend/girlfriend 전 남자친구, 전 여자친구 처럼.

어미가 품사를 결정하는 경우도 있다. 일부 예외가 있지만 -ly로 끝나는 단어들은 대개 부사고, -ment나 -ion으로 끝나는 단어들은 명사다. 이렇게 흔히 쓰이는 것들만 정리를 해두어도 영어 단어를 암기하는 데 크게 도움이 된다.

같은 어원인데 품사나 활용형이 다른 단어들을 묶어서 외우는 것도 좋다. 기본적으로 한 의미를 공유하기 때문이다. 우리말에서 '가다, 감, 가기, 가는'이 동일한 의미 요소를 가진 것처럼 영어도 마찬가지다. 따라서 비슷한 단어를 묶어 외우면 기본적으로 한 의미이기 때문에 암기하기도 나중에 기억을 되살리기도 더 쉽다. 가령 Relate 관련시키다는 'Relate 관련시키다, Relative 관련지은. 상대적인, Relation 관계, Related 관련된'로 같은 의미를 가진 한 세트를 만들 수 있으며, 여기에 Relative에는 특별히 친척이라는 의미도 있다는 것만 따로 기억하면 된다. 또 다른 예로 'Act 행동'는 'Act 행동, Activity 움직임. 활기, Active 활동적인' 등으로 변용이 된다. 그리고 앞을 뜻하는 접두사 Pro-를 붙이면 Proactive 주도하는로도 확장이 되고 '대조'라는 연관 고리를 걸어 반대의 접두사 In-을 붙이면 Inactive 활발하지 않은까지 기억할 수 있다.

단어 조각을 그룹 짓는 것 외에도 단어들 간의 연관 고리를 찾아서 외울 수 있다. 유사를 기준으로 연결하면 비슷한 단어들을, 대조를 기준으로 엮으면 반대되는 단어들끼리 묶어서 외울 수 있다. 이렇게 하면 단어들이 연관성을 갖고 함께 묶이기 때문에 기억이 더 쉬워진다. 또 단어의 세세한 의미들까지 구분해서 더 정확하게 독해가 가능하고, 유의어나 반의어를 찾는 문제에도 적용할 수 있다.

단어가 아닌 뜻을 묶을 수도 있다. 이때 비슷한 뜻으로 묶되 다른 뉘앙스로 쓰이는 단어를 그 안에서 구분하면 더 좋다. 가령 Act 행동하다와 Behave 행동하다를 같이 외우면서 세밀한 의미들을 구분해 볼 수 있을 것이다. 둘 다 기본적으로는 '행동하다'라는 의미이지만, Act는 말 그대로 보이는 그대로의 행동이다. 연기를 Acting이라고 하고, 실제로 몸을 써서 행동하는 것을 Action이라고 하듯이. 반면 Behave는 '행실'의 뉘앙스를 띤다. 어떤 특정한, 예의 바른, 규범에 맞는 태도로 움직이는 것으로 'Act in a polite manner 예의바른 태도로 행동하다'와 비슷하게 쓰인다. 또 다른 예로는 Possible 가능한, Potential 가능성이 있는, Available 이용 가능한, Enable 가능하게 하다를 한번에 묶어서 의미를 구분할 수도 있다. 모두 '가능한'이라는 기본 의미로 묶이지만 세세하게는 각각 의미가 구분된다. 한 단어 묶음 내에서 이렇게 의미들을 구분하며 외우면 기억하기도 나중에 문제에서 활용하기도 쉽다.

한자성어를 외울 때도 마찬가지다. 사자성어도 유사 대조되는 것들이 많기 때문이다. 고진감래 苦盡甘來, 고생 끝에 즐거움이 옴와 흥진비래 興盡悲來, 즐거운 일이 다하면 슬픈 일이 옴는 대조 관계다. 구밀복검 口蜜腹劍, 말은 달콤하나 마음에는 칼을 품고 있음과 면종복배 面從腹背, 겉으로는 복종하지만 속으로는 배반함는 유사한 의미다. 마부작침 磨斧作針, 도끼를 갈아 바늘을 만들 듯 끈기 있게 노력하면 어려운 일도 이룰 수 있음과 우공이산 愚公移山, 우공이 흙을 파서 산을 옮겼듯 어떤 일이든 노력하면 반드시 이루어짐도 한 세트로 묶을

영어 단어 쪼개서 묶기

- **re-** 다시

  renew 재개하다, return 돌아가다

- **ex-**

  exclude 제외하다, extend 확대하다

어원으로 묶기

- **relate** 관련시키다

  relative 관련지은, 상대적인, 친척, relation 관계, related 관련된

- **act** 행동

  activity 움직임, 활기, active 활동적인

  → proactive 주도하는

  ↔ inactive 활발하지 않은

뜻으로 묶기

- **행동하다**

  act 행동하다, 행동의 뉘앙스

  behave 행동하다, 행실의 뉘앙스

- **가능한**

  possible 가능한, potential 가능성이 있는, availabe 이용 가능한,

  enable 가능하게 하다

수 있다.

비슷하게 들리지만 상관없는 단어들도 있다. 예를 들어 망운지정 望雲之情은 부모님을 그리워하는 자식의 마음을 나타내는 말이지만 운우지정 雲雨之情은 부부 사이의 정을 나타내는 말이다. 이렇게 단어들이나 사자성어들을 단어 하나로만 보지 말고, 이 단어가 다른 말들과 어떤 관련을 맺고 있는지, 어떻게 하면 이것들을 정리하고 묶어낼 수 있는지 생각해볼 수 있다. 그렇게 하면 낱개로 떠다니는 단어들 대신 서로 잘 연관되어 있는 단어 묶음이 만들어지고 그 과정에서 자연스레 단어를 외울 수 있다.

패턴을
찾아라

　국사는 시간의 과목이다. 시간은 늘 일정하게 흘러가고, 사람은 일정한 규칙을 통해 시간을 재단한다. 이런 과목을 공부할 때는 정보가 흐르는 패턴을 찾으면 수월하게 암기할 수 있다. 이 방법은 국사 수업 중에 선생님이 말해주는 것을 듣고 알게 되어서 그 후로 유용하게 사용했던 방법이다.

　예를 들어 사건이 일어난 연도와 날짜를 외우는 작업은 늘 어렵다. 이럴 때 어느 갑자가 어느 해에 해당되는지 규칙을 알고 있으면 연도를 기억하는 데 도움이 된다. 또 연도를 정확하게 모를 때는 연도를 추측할 수도 있다. 근대까지는 사건들에 이름을 붙일 때 숫자 대신 그 해의 갑자를 사건명에 쓰는 경우가 많기 때문이다. 가령 60갑자는 첫 글자는 '갑을병정무기경신임계' 중에서 하나를, 두 번째 글자는 '자축인묘진사오미신유술해' 중에서 한 글자를 택한다. 그래서 갑자년, 을축년, 병인년 식으로 진행되다 10과 12의 최소 공배수인 60에서 끝이 난다. 여기서 재미있는 것은 '갑을병정무기경신임계'도 십진법처럼 열 개의 단위라는 것이다. 그렇다면 이들 각 글자들은 0부터 9까지, 십진법 중의 한 글자와 일치하게 된다. '신'은 숫자 1과

패턴으로 연도 추측하기

갑을병정무기경신임계

4 5 6 7 8 9 0 1 2 3   연도의 끝자리, 60갑자의 처음과 조합

자축인묘진사오미신유술해

60갑자의 마지막과 조합

※ 신미양요

신 = new = 1

1로 끝나는 연도 = 1871년

일치한다. 따라서 '신'으로 시작하는 해는 연도가 1로 끝이 난다. 일례로 신미양요는 1871년에 일어났다. 이 패턴을 기억하고 있다면 국사 연도 중 마지막 한 자리는 찾을 수 있다. 그러면 둘째 자리 숫자만 찾으면 되고, 1800년대의 일과 1900년대의 일은 비교적 구분이 쉬우니 사건이 두 세기 중 어느 세기에 일어난 일인지 판단하면 쉽게 연도를 추측할 수 있다. 덧붙여서 신(新) = New(새로운) = 1이라고 생각해서 외우면 더 쉽다.

장황한 사료도 지식의 패턴을 찾으면 쉽게 문제를 풀 수 있다. 국사에서는 사료만 주고 해당시기의 사건이나 인물을 고르라는 문제가 종종 출제되는데 사료를 모르면 문제에 접근조차 할 수 없다. 사료를 외우려면 다른 공부를 하듯이 여러 번 반복해서 외워질 때까지 보는 게 정석이지만 그러기에는 공부할 시간이 부족한 경우가 많다. 그래서 사료도 사료의 특징을 나타내주는 키워드를 골라 외우면 시간 절약에 도움이 된다.

사료의 키워드는 반드시 어떤 사건의 맥락을 반영한다. 그리고 이 키워드는 일정한 서술 패턴이 있다. 물론 딱히 암기하지 않아도 사료에서 시대와 사건을 바로 읽어낼 수 있다면 최상이지만 그렇지 않다면 사료의 패턴만 잡아내 외워도 공부하는 데 훨씬 도움이 된다. 특히 문헌으로 제시되는 사료들은 문헌 중 특징적인 단어들을 잘 짚어내면 된다. 언급되는 지명이나 인명 또는 사건의 개요에서 어느 시대인지 감을 잡을 수도 있고, 유명한 사료의 경우 그곳에서 쓰이는 특정한 단어들이 판단의 지표가 된다. 가령 삼국사기 서문의 시작은 '신 부식은……'인데 이를 알고 있으면 시작만 보고도 삼국사기의 내용이라는 것을 단번에 알 수 있다.

반면 한 시대에 유사한 내용의 사료가 여럿 있으면 헷갈릴 수 있다. 이럴 때는 사료에서 시대를 찾기보다 관련된 사건과의 연관성을 짚는 것이 유리하다. 가령 나는 국사를 공부할 때 제일 어렵게 느꼈던 것이 갑신정변 14개 정강, 갑오개혁 홍범 14조, 동학 농민 운동 폐정 개혁안을 구분하는 것이었다. 내용도 엇비슷하고 시대도 같아서 더 그랬다. 그래서 세 개 문헌의 특징적인 표현들을 외웠다. 같은 내용이더라도 문헌마다 표현이 달랐고 그 표현이 해당 사료가 어떤 사건의 어떤 집단과 연관되어 있는지를 드러내 주었기 때문이다. 세제 개혁을 요구하는 부분에서는 갑신정변은 '지조법을 개혁'하라고 했고, 갑오개혁은 '부세는 모두 법령으로'였고, 동학 농민군은 '무명의 잡세를 폐지'하라고 말했다. 젊은 개화파 관료들이 주도했던 집단이 선택한 '개혁'이라는 단어, 정부에 의해 진행된 갑오개혁에서 고른 '법령'이라는 단어, 그리고 농민의 입장에서는 느낀 당시 세제의 비합리성을 보여주는 '잡세'라는 단어가 각각의 사료가 어떤 사건들과 연관성을 가졌는지, 그 사료 뒤에 어떤 사람들이 있는지를 드러낸다.

하지만 모든 사료가 추측 가능한 연관성을 가지고 있지는 않다. 가끔은 그냥 외워야 하는 특징들도 있다. 고대 유물 자료들이 특히 그렇다. 공무원 시험을 위한 국사 공부 수준에서 사진만 보고 유물이 그 시대와 어떤 연관이 있는지 찾아내기는 힘들다. 왜 신석기인들이 토기에 굳이 빗살무늬를 넣었는지는 그들만 알 것이다. 이럴 때는 시험에 나올만한 자료 중에 특징적인 게 있다면 그 특징만 그냥 외우는 것이 빠르다. 예컨대 양쪽에 손잡이가 달린 건 미송리식 토기이고, 바이올린처럼 생긴 건 비파형 동검 혹은 청동기식 동검이다. 왜 미송리 사람들이 토기에 손잡이를 달았는지, 왜 청동기 사람들은 동검을 하필 비파형으로 만들었는지는 몰라도 된다. 그냥 그렇다고 알고, 문제를 풀 수 있으면 된다.

읽지 말고
스캔하라

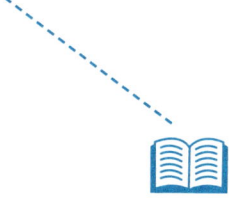

　무언가를 암기할 때는 외우는 내용뿐만 아니라 정보가 담긴 형식까지도 외워진다. 그리고 정보는 나름의 쓰임과 그 내용의 본질에 따라 각각 다른 형태로 표현된다. 또한 사람마다 정보를 기억하는 데 주로 사용하는 형식이 다르고, 자신에게 익숙한 형식으로 정리된 정보는 더 잘 인지하고 기억한다. 언어적인 능력이 있다면 언어를 통해 명확하게 표현된 정보가 가장 편할 것이고 수학적 능력이 좋다면 말로 풀어 쓴 것보다는 수식으로 표현한 것이 더 이해하기 쉬울 수도 있다. 시각 정보를 주로 다루던 사람이라면 그림이나 인포그래픽 등을 직관적으로 이해할 것이다. 같은 내용을 봐도 누군가는 시각적으로 상상해서 기억하는 반면 누군가는 내용을 관찰하고 분해

해서 분석적으로 기억하기도 한다.

이처럼 정보가 받아들여지고 저장되는 형식은 그 내용 만큼이나 중요하다. 어떤 형식으로 표현되었느냐에 따라서 정보의 활용도가 크게 달라지기 때문이다. 아는 것이 많다고 해서 그것을 반드시 잘 활용할 수 있는 것은 아니다. 아는 것을 활용하기 쉬운 형태로 만들어야 한다.

어떤 정보를 받아들이면 그것을 그냥 머릿속에 쌓아둘 수도 있고 머릿속에서 정보를 정리하고 재배열해서 형식을 만들 수도 있다. 그렇게 만든 형식을 '지식 구조'라고 부르자. 지식 구조가 만들어지면 정보들이 인과 관계, 선후 관계 등을 통해 일정한 질서를 갖춰 머릿속에 자리를 잡는다. 그런데 이 구조를 만드는 과정은 상당히 까다롭다. 무엇이 먼저고 나중인지, 무엇이 부분이고 전체인지 등을 판단을 해야 할 뿐더러 정보들 간의 전체적인 관계를 이해해 구조를 만드는 기본적인 규칙들이 필요하다.

이 규칙은 전체 정보들을 한 번에 포괄할 수 있어야 하는 만큼 고려해야 할 사항이 많다. 또 한 번 만들어진 규칙에 따라 새로운 정보를 분석해서 지식 구조를 확장하는 작업에도 꽤 공이 든다. 따라서 처음 보는 내용을 공부할 때 줄글을 읽고 그 내용을 다시 정리해 새로운 지식 구조를 만들기보다 처음부터 정보를 구조화해 받아들이고 그렇게 만든 지식 구조를 통째로 외우는 것이 더 쉽다. 즉 책의 키워드만 찍어서 눈으로 훑어가며 머릿속에서 재배치해서 구조화하거나 일정한 규칙을 가지고 시각화된 구조를 통째로 스캔해서 외우는 것이다.

지식 구조는 일종의 지도다. 구조를 머릿속에 갖고 있으면 원하는 지식을 어디서 끌어와야 할지 알 수 있다. 또한 지식 구조를 이루는 키워드는 하나의 링크가 되어 연상 작용을 통해 정보의 맥락을 끄집어낸다. 따라서 지식 구조를 잘 만들면 굳이 줄글로 된 내용 전체를 다 알고 있을 필요가 없다. 필요한 것을 필요한 만큼 기억하고 있으면 된다.

읽어서 외우는 것이 아닌 머리로 지식을 스캔하려면 먼저 지식을 구조화해 지식 구조를 만들어야 한다. 줄글로 쓰인 지식은 언뜻 보기엔 글자의 연속인 것 같지만 그 안을 뜯어보면 꽉 짜인 구성이 있다. 글은 단락으로 나뉘고 각 단락에는 핵심 문장이, 핵심 문장 안에는 핵심 단어가 있다.

일단 처음 공부를 할 때는 핵심 내용에 밑줄을 치거나 형광펜으로 표시한다. 그리고 밑줄 친 부분의 핵심 단어들이 어떤 관계를 이루고 있는지 찾아내면 글 전체를 구조화할 수 있다. 그것들은 전제와 결론이기도, 원인과 결과이기도, 일반 이론과 세부 내용이기도,

원칙과 예외이기도 하다. 나타나는 관계의 양상은 다양하지만 중요한 것은 그를 통해 정보의 상하 관계 또는 선후 관계를 판단하는 것이다. 이렇게 단락별 핵심 단어 간의 연계를 찾아내면 이제 챕터 간 관계를 찾는다. 그 뒤에는 책 한 권이 어떤 순서로 구성되어 있는지를 찾아낸다. 이 과정을 통해 그 책 한 권을 통째로 머릿속에 넣을 수 있다. 이때 유의할 점은 책 한 권을 통째로 스캔하되 한 글자 한 글자를 모두 외우는 것이 아니라 중요 단어와 단어들 간의 관계만 남겨야 한다는 것이다.

이렇게 구조화한 지식을 상하 관계 그대로 종이에 옮길 수도 있다. 물론 종이에 옮길 때는 키워드만 나열한다. 이때 키워드들 간의 위계를 지켜서 써야 한다. 즉 큰 주제에서 상세한 주제로, 시간의 흐름에 따라 정리한다. 이렇게 정리한 결과를 보면 책에서 비슷한 페이지를 발견할 수 있을 것이다. 바로 책의 첫머리, 목차다.

책의 목차는 그 책의 구성을 고스란히 반영한다. 목차는 각 챕터의 핵심 내용만 선별한 책 전체의 요약본이다. 줄글을 혼자서 구조화하기가 힘들다면 책의 목차를 빌려 시작하는 것도 방법이다. 목차를 외우고 거기에 필요하다고 생각하는 다른 내용들을 덧붙여나가면서 지식 구조를 만들면 된다. 책 전체를 우선 스캔해서 필요한 내용을 찾은 것과는 반대의 순서로 구조를 만드는 방법이다. 최소한의 뼈대를 만들어 놓은 뒤에 나무의 이파리가 자라듯 거기에 지식을 덧붙여 나가면 된다. 중요한 것은 어느 순서를 택하든 책을 꼼꼼하게 읽기보다 빠르게 스캔해야 한다는 것이다. 전체적인 구조를 빠르게 파악해 필요한 것만 남기고 나머지는 신경을 쓰지 않아야 한다.

표를 활용하는 것도 좋다. 대조를 이루거나 일괄된 기준으로 정리할 수 있는 부분을 일단 표로 그린다. 그 뒤에 각 항목별 분류기준을 파악한 다음 기준에 맞는 내용들을 범주화해 표의 각 칸 안에 채워 넣는다. 가령 묘청의 서경 천도 운동에는 개경파와 서경파의 갈등이 배경에 깔려있다. 나는 이 내용을 공부할 때 개경파와 서경파의 근거지, 주장 내용, 대표 인물, 사건 이후의 세력의 부침을 표로 정리해서 외웠다. 그리고 이 표에 캡션을 달아 신채호의 주장이라는 점, 서경파가 이렇게 세력이 성장할 수 있었던 데는 고려의 분사 제도가 한몫을 했다는 점 등을 표시했다.

다이어그램이나 흐름표를 활용하는 것도 유용한 방법이다. 특히 어떤 흐름이 유사하게 반복되는 지식을 공부할 때 효과적이다. 예를 들어 일제 강점기 정책을 보자. 10년대, 20년대, 30년대, 태평양 전쟁 이후로 시기를 구분하고 각 시기별 일제의 정책과 수탈 내용, 그에 따른 국내의 저항과 국외의 저항을 정리할 수 있다. 각 시기별 정책의 특징이 명확해서 그에 따른 저항의 성격도 확연히 달라지기에 잘 정리하면 매우 편리하다. 또한 사건들이 세대에 걸쳐 있는 경우에는 성격이 더 흡사한 쪽으로 묶었다. 그런 묶음들 중에서 성격이나 활동이 유사한 운동들은 헷갈리지 않도록 시기를 기억하는 데 주의했다. 가령 국채보상운동은 일제 강점기 이전의 일이지만(아직 나라가 있었기에 '국채'라는 표현이 가능했다는 점에 주의) 물산 장려 운동은 1920년대의 시대적 상황과 맞물린 운동이라는 점을 중점적으로 보았다. 이렇게 각 운동을 시대적 특징들과 연계해서 외우면 헷갈릴 가능성이 줄어든다.

　이렇게 지식 구조를 만들었다면 이제 그를 스캔할 차례다. 이때 정리한 내용을 단어나 줄로 외우지 않고 하나의 그림으로 생각하는 것이 중요하다. 우선 페이지의 형태들을 외우고 생각나는 대로 그 형태를 빈 노트에 그린다. 처음에는 생각이 나지 않을 수도 있다. 하지만 중요한 것은 하나하나에 매달리는 것이 아니라 그 구조의 형태 자체를 기억하는 것이다. 먼저 눈으로 형태를 한 번 보고 책을 덮고 빈 종이에 기억나는 모양대로 최대한 똑같이 그린다. 그다음 다시 책을 보고 빠진 부분을 채워 넣는 것을 반복한다. 일단 형태가 완전히 외워지면 각 형태에 달린 설명과 키워드들을 이후에 얹는다. 이렇게 구조를 스캔하는 암기법은 외울 양이 줄어들고, 마인드맵처럼 추가적인 정보들을 가지처럼 덧붙이기 쉽다.

지식구조 만들기

1910~20년대 일제 강점기 정책과 국내의 저항

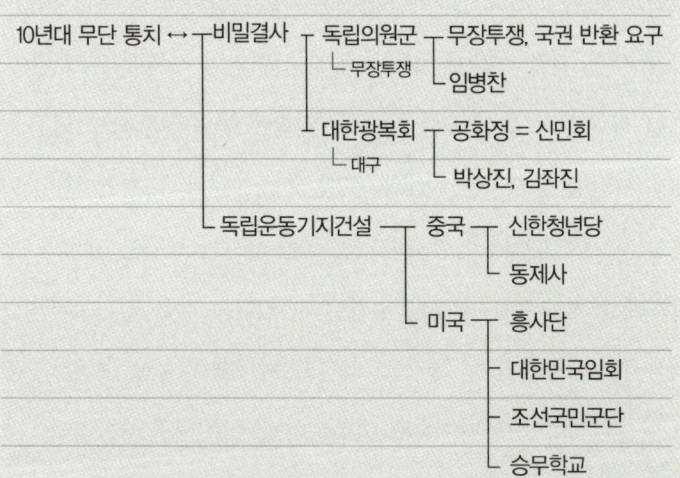

※ 시간의 흐름, 범주에 따라 큰 항목을 구분한다.

※ 구분한 항목과 대조, 유사, 발전 관계에 있는 정보를 덧붙인다.

※ 세세한 항목을 외운다는 느낌보다 형태를 외우는 것에 집중한다. 보지 않고도 형태를 그릴 수 있게 되면 형태에 들어가는 정보를 채워 넣으며 암기한다.

이렇게 공부를 할 경우 중요하지 않다고 넘어간 세부 내용이 문제로 나오면 어떡하나 걱정이 될 수 있다. 물론 이런 지식이 문제로 나올 수도 있다. 하지만 그럴 확률은 굉장히 낮다. 어떤 시험이든 공부하는 범위에 비해 실제로 출제되는 것은 양이 적을 수밖에 없다. 학창 시절 수업 시간에 치르던 쪽지 시험처럼 하루에 영어 단어를 오십 개 외우고 오십 개를 다 보는 시험이 아니라면 보통 세부적인 내용은 만점 방지용을 위해 한두 문제 출제된다. 하지만 앞서 말했듯이 커트라인에 따라 합격과 불합격을 가르는 시험은 만점이 아닌 합격에 목적을 두어야 빠르게 끝낼 수 있다는 점을 명심하자. 우선 핵심적인 내용들만 잘 챙기고, 그것을 빠르게 활용할 수 있는 형태로 만들어 머릿속에 넣어두면 대부분의 문제는 해결 가능하다.

단순 암기는 머리가 아닌
몸으로 외워라

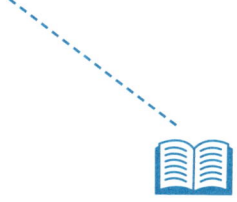

    생각은 실체가 없다. 그렇기에 생각을 기억하는 것은 힘들고, 몸의 도움이 필요하다. 몸으로 느끼는 감각, 주변의 상황 등을 조정하면 생각이 더 빨라질 수 있고 기억이 더 강렬해질 수도 있다. 생각도 결국 살아있는 몸으로 하는 것이므로 몸을 통해 뇌의 활동을 촉진할 수 있다.

    주변 상황은 감각을 통해 인지되고 이 인지된 정보들은 일련의 판단을 통해 반응으로 연결된다. 그렇다면 몸이 느끼는 주변 상황, 감각으로 받아들여지는 것들을 조절할 수 있다면 뇌의 활동도 어느 정도 조절할 수 있다.

    이를 암기에도 활용할 수 있다. 급박하게 활동을 해야 할 때 혹은 어떤 형태로든 처리해야 하는 자극이 주어질 때 뇌는 활발해진다. 한적한 인도를 걸을 때보다 큰 도로의 횡단보도 앞에서 뇌는 더 많은 정보를 받아들이고 긴장해서 빠르게 정보를 처리한다. 마찬가지로 시험 직전 벼락치기를 해야 하는 다급한 상황에서 공부가 제일 잘 된다. 스트레스 상황이 뇌를 더 활발하게 움직이게끔 하는 것이다. 그렇다면 인위적으로 이런 상황들을 만들어준다면 어떨까?

공부를 효율적으로 하기 위해서는 뇌가 빨리 사고하는 상황을 스스로 만들어야 한다. 특히 이 방법은 아무런 맥락 없이 그냥 외워야 하는 것들, 그 자체로 아무런 긴장감도 감정이입도 생기기 힘든 것들을 공부할 때 유용하다. 예를 들어 한자 암기가 있다. 나는 한자를 외울 때 그냥 무작정 앉아서 보는 걸로는 공부가 되는 것 같지 않아 암기 시간을 제한하는 방법을 택했다. 일부러 급박한 상황을 만들고, 제한을 두어서 머리가 더 빨리 정보를 받아들이도록 한 셈이다. 어떤 측면에서는 나 자신과의 시합이기도 했다. 매일 아침마다 한자를 서른 자씩 학원에 가는 지하철 안에서 보았다. 1호선을 갈아탄 후 노량진까지 가는 데는 이삼십 분 정도가 걸렸다. 그동안 한자를 빠르게 보고 외워서 노량진역에 도착하기 전까지 한자만 보고 뜻을 말할 수 있는 수준으로 외우는 연습을 했다. 스스로에게 시간 제한이라는 스트레스 상황을 만들어 집중력을 높인 셈이다. 물론 이를 통해 만들어진 것은 단기 기억이었지만 계속 반복하면 머릿속에 들어올 거라 생각했다.

한자 암기뿐만 아니라 모든 단순 암기는 늘 지겹다. 지금 앉아서 보고 있는 내용이 머릿속에 들어오고 있는지 아닌지 분간도 되지 않는다. 하지만 나만의 룰을 만들고 게임처럼 암기하면 단순 암기도 재미있게 접근할 수 있다.

손으로 쓰거나 소리를 내어 읽는 것도 몸으로 암기하는 방법 중 하나다. 정보를 받아들이는 방법을 바꾸면 새로운 느낌으로 공부할 수 있다. 머릿속에서 정보들을 마인드맵처럼 연결해놓고, 그 연결된 내용들을 브라우징한다는 느낌으로 연쇄적으로 떠오르면서 정리하면 된다. 다만 머릿속에서만 두지 않고 떠올리는 내용들을 소리 내어 말하면서 정리하고 반복하는 것이 핵심이다. 소리를 내어 읽다 보면 어찌되었든 같은 내용을 머리와 입으로 두 번 반복하게 된다. 내용이 머릿속이 아니라 몸에 붙는 것이다.

만약 같이 공부하는 친구가 있다면 서로 공부 내용을 설명해주며 공부하는 것도 좋다. 듣는 사람이 있으면 아무래도 더 정성 들여 설명하게 되기 때문이다. 특히 내용을 설명할 때 구연동화하듯 몸짓을 많이 쓰고 감정이입을 해서 설명하면 내용이 더 강렬하게 기억된다. 예를 들면 '월급이 열세 달이나 밀렸어. 그래서 항의를 하니까 주기는 주는데 헐, 기껏 한 달 치. 그것도 모래가 반이나 섞였어. 가뜩이나 짜증이 난 상태에서 이게 결정적인 한 방이었던 거지. 그러니까 구식 군인들이 단체로 들고 일어나서 들어 엎었어. 도시 빈민들까지 합류해서 판을 벌린 거고! 이게 임오군란!' 같은 식이다. 이야기를 감정을 섞어서 설명하면 기억에 더 오래 남는다.

말하기도 귀찮을 때에는 손으로 쓰는 방법을 사용한다. 일명 '빽빽이'라고도 불리는 방법이다. 귀찮고 무식해 보이는 방법이지만 뇌가 정보를 받아들이는 것을 거부할 때 괜찮은 방법이다. 공부할 내용을 손으로 쓰다보면 보기 싫건 좋건 간에 어쨌든 내용을 볼 수밖에 없다. 손이 그 내용을 쓰려면 머리에서 먼저 받아들여야 하기 때문이다.

이렇게 지치는 시간에 손으로 무언가를 계속 쓰면 뇌가 일하지 않는 듯 일하게 된다. 그리고 그렇게 잠깐 쉬는 척을 해주고 나면 곧 집중력도 돌아오곤 한다. 요약 노트의 내용을 빈 노트에 옮겨 쓰는 것도 좋고, 그림으로 정리한 내용을 옮겨 그리는 것도 좋다. 뇌를 자꾸 속이고 몸으로 공부하는 것이다.

각자에게 맞는 공부 방법은 모두 다르다. 일단 중요한 것은 이것저것 시도해보면서 공부를 놓지 않는 것이다. 눈으로만 하는 공부가 한계일 때는 말로 하는 공부를 해보고, 말로 해서도 안 될 때는 손으로 써보자. 만약 손으로 쓰면서도 안 될 때는 몸을 움직이면서 해 볼 수 있다. 연극하듯 과장된 몸짓도 좋고 잠깐 나가 걸으면서 기억을 되새겨도 된다. 어떤 방법이든 괜찮다. 중요한 것은 공부를 계속하는 것이고 뇌가 멍하니 있는 것이 아니라 계속 깨어 있게 만들어 정보를 받아들이고 기억을 유지하게끔 하는 것이다.

효율성을 떨어뜨리는
요소들

　공무원 시험판에서는 '회독'이라는 단어를 쓴다. 한 책을 몇 번 반복해서 읽는다는 뜻인데, 단순히 책을 여러 번 반복해서 보는 걸로는 공부에 속도가 붙지 않는다. 그냥 반복해서 보는 것만으로 내용이 머릿속에 다 들어오려면 시간이 많이 걸린다. 아니면 한 번만 읽어도 내용을 다 외우는 천재적인 능력을 지녀야 한다. 그런 특수한 경우가 아니라면 그냥 읽기만 해서는 어떤 것이 더 중요하고 덜 중요한지 짚어내기 힘들다. 긴 텍스트로 이루어진 책에는 챙겨야 할 내용과 버릴 내용이 있다. 챙겨야 할 내용만 챙겨서 머릿속에 자신의 스타일대로 지식 구조를 만드는 것이 공부의 과정이다.

　반복해서 읽는 것을 믿지 않는 게 아니다. 반복 자체는 아는 것을 더 잘 알고 모르는 부분을 줄여나가기 위해 꼭 필요하다. 하지만 단순히 처음부터 끝까지 순서대로 읽어나가는 것은 비효율적이고 의미도 없다. 따라서 읽는 방법을 바꿔야 한다. 처음 한두 번 통독을 통해 대략적인 구조를 잡은 다음에는 챕터별, 부분별로 끊어 읽으며 모르는 것을 메워나가는 방식이 더 효율적이다.

'몇 회독' 자체는 의미가 없다. 그런 지표들보다 실제로 자신이 무엇을 알고 무엇을 모르는지를 파악하고 보강해나가는 것이 더 중요하다.

반복은 어떤 내용에 익숙해지기 위한 필수적인 과정이다. 다만 그 반복의 형식이 한결같을 필요는 없다. 반복의 과정에서 필요 없는 것은 걸러낼 줄 알아야 한다. 내 추측이지만, 아마 같은 책을 반복해서 읽어야 한다는 공부법은 옛날 옛적 책이 귀하고 경전을 암기하는 것이 공부의 전부였던 시설부터 전해진 방법일 것이다. 그때는 콘텐츠가 아닌 책이 지식이었고 책 자체도 희소했기에 같은 것을 반복해서 볼 수밖에 없는 환경이었을 것이다. 시험도 외운 것을 토씨 하나 틀리지 않고 반복해서 말하거나 쓰는 형태로 진행되었을 것이다. 하지만 지금은 상황이 다르다. 지금도 일정한 지식을 외워서 시험을 보아야 한다는 점에서는 같지만 알아야 하는 것은 그 내용이지 형식 자체가 아니다. 오히려 보는 형식을 달리하면 내용이 담긴 그

릇에 대한 경험이 다양해지고, 낯선 문제 유형에 대한 적응력도 커진다. 그러니 어떤 책을 회독하며 그 전체를 알려고 하기보다는 그것이 담고 있는 내용, 문제를 풀 때 필요한 콘텐츠를 반복 학습하는 데 집중하는 것이 좋다.

두꺼운 책도 마찬가지다. 공부하는 책이 두껍고 내용이 자세할수록 좋다고 생각하는 사람이 있다. 하지만 책이 두꺼우면 무겁기만 하고 보기에도 힘들다. 물론 두꺼운 책들은 내용이 상세하다. 하지만 그런 세세한 내용을 굳이 가장 자주 봐야 하는 책에 다 집어넣을 필요는 없다. 오히려 처음 보고 자주 보는 책일수록 가볍고 보기에 부담이 없어야 한다. 언제라도 꺼내 보고 필요하다면 페이지를 뒤적일 수 있도록 얇고 가볍되 필요한 내용만 들어가 있는 책이 좋다. 그래야 그 책을 기반으로 또 다른 지식을 쌓아 올릴 수 있다.

두꺼운 책을 본다고 자신만만해하거나, 두꺼운 책이 없다고 불안해하지 말자. 얇은 기본서를 택해서 그 안에 담긴 내용을 완전히 알면 된다. 책의 순서까지도 다 외워 어디를 펴면 어떤 내용이 있을지도 다 알게 된다면 충분하다. 게다가 무거운 책은 보기가 싫어진다. 보기에도 부담스럽고 들고 다니기도 무거운데 책이 예뻐 보일 리가 없다. 책은 지식을 담는 한 매체일 뿐이다.

한편 나의 경우 암기를 위해 이런저런 방법을 다 사용했지만 앞글자를 따서 외우는 방법은 효과가 없었다. 보통 파편적인 내용이 많을 때 어떻게든 기억하기 위해 앞글자만 따서 암기하곤 하는데, 이는 그다지 좋은 방법이 아니다. 기억의 맥락이 없기 때문이다.

맥락이 없으면 기억하기 더 어려워지고, 더 많이 반복해야 한다. 게다가 만들어놓은 문구와 실제 외워야 할 내용 간에 어떤 규칙성도 연관성도 없어서 원래 내용을 추측하기도 힘들다. 이 방법을 쓸 때 겪을 수 있는 최악의 상황은 앞글자를 따서 만든 문구만 기억나고 그 내용이 무엇이었는지는 생각이 나지 않는 경우다. 그 문구를 외우는 데만 공들이고 실제로 암기에는 실패한 것이다.

어떤 것을 외울 때에는 그 내용에 대한 이해가 선행되는 것이 핵심이다. 단순히 외우기만 해서는 시험에서 그 내용을 활용하기 힘들다. 외워야 하는 것들을 최소화하고 암기할 내용을 이해한 내용에 기반을 두고 외우는 것이 가장 좋다. 어떤 내용을 이해하면 그 안에서 나름의 규칙이나 개연성 혹은 흐름을 찾을 수 있고, 그러면 암기는 훨씬 쉬워진다. 어떤 방법을 활용하든 공부한 것이 단순 암기로 끝나는 것은 피해야 한다.

3

세 권이면 끝!
필살 노트 작성법

예쁘고 완벽한
노트는 버려라

    수험 공부를 하는 데 필요한 노트는 세 가지다. 키노트, 오답 노트, 약점 노트. 각각 필요한 타이밍과 목적이 다르다. 우선 키노트는 머릿속의 지식 구조를 그대로 담는 데 쓴다. 실체가 없는 지식을 화면에 글자로 써서 눈에 보이게끔 만들어 수는 것이다. 키노트를 작성하면 지식을 시각적으로 구체화하는 과정에서 지식 구조가 더 정돈되고 단단해진다. 이 노트는 복습을 할 때도 유용하다. 이미 머릿속에 알고 있는 것을 문자로 표현한 것이니 변형이나 왜곡 없이 그대로 반복할 수 있다.

    다음으로 오답 노트는 문제를 풀며 틀린 것을 확인하고 기존에 무엇을 모르고 있는지, 어떻게 알면 되는지를 점검하기 위한 것이다.

여기서 중요한 것은 말은 '노트'라고 하지만 실제로 노트를 만드는 작업을 하지 않는다는 점이다. 일반적인 오답 노트를 만들면 문제를 자르고 붙이는 과정에 너무 많은 시간과 공이 들어가기 때문에 문제를 푼 그 페이지에 해설만 꼼꼼히 달아서 모아두고 복습을 할 때 그것들을 넘겨보면 된다.

마지막으로 약점 노트는 시험 직전에 만드는 것이다. 미처 갈무리하지 못한 정보들, 헷갈리는 것들만 모은 노트로 시험 직전에 빠르게 보고 시험장에 들어가기 위한 용도다. 이 노트는 길게 쓰기보다는 한눈에 볼 수 있게 한두 단어로만 정리하는 것이 좋다. 시험 직전에는 무언가를 길고 깊게 볼 정신이 없다. 그러니 짧게, 빠르게 볼 수 있도록 정리하는 것이 핵심이다.

어떤 노트를 만들든 중요한 건 나 자신이 만들고 보기 쉬워야 한다는 것과 노트를 만드는 자체로 공부가 되어야 한다는 점이다. 다 만들고 그 노트로 공부할 생각을 하면 곤란하다. 간혹 노트를 만드는 것에 지나치게 집착해 공부는 하지 않고 한 치의 오차도 없는 완벽한 노트를 만들려고 장인 정신을 발휘하는 사람들이 있다. 하지만 노트는 단순하게 필요한 내용만 있어야 한다. 과하게 많은 내용, 현란한 색깔, 그림, 데코레이션은 자제하는 것이 좋다. 있어야 할 내용만 정확히 있는 것이 만드는 중에도 나중에 복습을 위해 볼 때도 유리하다.

　자신만의 노트를 만드는 동안 읽고 요약하고 빈 종이에 손으로 옮겨 적으면서 자연스럽게 내용이 외워지게 된다. 특히 손으로 쓴다는 행위 자체가 공부에 크게 도움 된다. 손으로 반복한 내용은 눈으로 반복한 내용보다 훨씬 더 깊게 기억에 남는다. 손으로 정리하는 과정에 지식들 전체가 어떻게 구성이 되어 있는지 자연스레 살필 수 있기 때문이다.

　노트를 예쁘고 완벽하게 만들겠다는 생각 대신 가장 효율적이고 단순하고 편하게 만들겠다고 방향을 잡는 것이 좋다. 완벽한 노트는 버려라. 다른 사람이 보기에 예쁜 것은 중요하지 않다. 핵심만 남긴 것이 진짜다.

지식의 구조를 쌓는
키노트 활용법

공부를 빠르고 쉽게 하려면 우선 보는 책에 부담이 없어야 한다. 꼭 필요한 내용은 다 들어 있되 얇고 가벼워서 언제 펼쳐도 부담이 없는 것이 최상이다. 그래야 계속 반복해서 볼 수 있다.

기본서를 얇고 가벼운 것으로 선택해도 좋지만 내가 추천하는 방법은 계속해서 볼 수 있는 자신만의 노트를 만드는 것이다. 바로 키노트다. 키노트는 머릿속의 구조를 도식화해 종이에 옮겨놓은 것이다. 일단 한 과목의 키노트를 만들면 굳이 다른 형태의 여러 지식을 만날 때마다 분해하고 재조립할 필요없이 내가 구조화한 기존의 지식에 추가하기만 하면 된다.

키노트를 만들 때는 핵심 키워드를 상하 관계 순서로 정리하되 상세하게 설명과 내용을 달아 키워드들이 툭툭 끊기지 않고 한 맥락 안에서 자연스럽게 연결되도록 해야 한다. 또한 잊어버린 내용을 다시 보고 기억을 쉽게 되살릴 수 있게끔 다듬는 것이 좋다. 키노트는 수험 생활 내내 참고하는 것이 가장 큰 목적이지만 사실 노트를 만드는 과정 자체가 공부다. 줄글로 흩어진 내용을 내 머릿속에서 어떻게 종이에 옮겨 정리할지 구조화하는 과정을 거치기 때문이다.

나는 다른 과목들도 키노트를 만들면서 공부했지만 선택 과목을 공부할 때 키노트 만들기가 특히 유용했다. 디자인 직렬에 응시하는 만큼 선택 과목으로 디자인 관련 시험을 봐야 했는데, 시중에 디자인 과목에 관련한 강의와 강사가 전무했고 참고서도 거의 없었다. 게다가 2015년에 디자인 직렬은 전국에서 딱 세 명만 뽑았다. 그것도 한 시에서 한 명씩만 뽑았기 때문에 실질적으로는 같은 시 지원자들 중에서는 딱 한 명만 뽑히는 상황이었다. 몇 년 전부터 이런 추세가 한동안 지속되어서 뽑는 인원도 적고, 설상가상으로 생긴 지도 얼마 안 된 직렬이라(2009년에 신설되어서 2010년부터 시험을 봤다) 기출문제조차 거의 없었다. 기출 문제가 공개된 건 2010년, 2011년뿐이었고 수험서도 2011년에 나온 게 마지막인데 시중에선 구할 수 없었다.

하지만 포기할 수는 없었다. 그래서 공부할 책을 직접 만들기로 했다. 우선 기출 문제를 모아 여기에 나온 내용은 백 퍼센트 반영했다. 물론 양은 얼마 되지 않았지만 그래도 기출 문제가 제일 신뢰할 만하다고 생각했기 때문이었다.

그다음 시중에 공공디자인행정에 관해 나온 책을 모두 모아 목차를 순서대로 정리했다. 그리고 겹치는 부분이나 중요해 보이는 부분을 따로 모아서 표시한 후, 그동안 요약한 것들과 재구성해서 다시 새 노트에 하나로 합쳤다. 나아가 인터넷 카페에서 복원한 문제들과 시험 후기들을 찾아서 참조했다. 시간이 꽤 걸리는 작업이었고 찾은 내용의 신빙성에 대해 의문이 들긴 했지만 당시엔 한정된 자료를 최대한 활용하는 것밖에 다른 방법을 찾을 수가 없었다.

진짜 문제는 디자인기획론이었다. '디자인 기획'이란 말이 포괄하는 범주가 너무 넓었다. 디자인 이론을 묻는 건지 아니면 도시 디자인 관련한 기획을 묻는 건지 종잡을 수가 없었다. 그래서 그냥 아는 것에서 출발하기로 했다. 공공디자인행정론과 관련 있는 디자인기획이나 프로젝트 매니징, 브랜드 관리 등 '기획'과 연관되어 보이는 내용들을 모은 후 디자인 일반 이론을 추가해서 내용을 구성했다. 게슈탈트 이론이나 색채학 같은 기본적인 내용들도 의구심이 들긴 했지만 버릴 수는 없었다. 출제 방향이나 주로 묻는 것들에 대한 단서를 정말 찾기 힘들었기 때문이다. 그래도 전혀 뜬금없는 내용보다는 기본적인 내용들이나 조금이라도 관련 있는 내용을 선별하는 것이 중요하다고 생각했다.

밑도 끝도 없는 범위에서 시험에 나올 내용을 선별해 키노트를 만드는 데는 시간이 꽤 많이 걸렸다. 시중의 이론서들을 찾아 정리하고 웹에서도 조사를 했다. 그런데 인터넷에서 찾은 자료는 출처를 따지기도 애매하고 내용이 정확하다는 확신이 들지 않아 이것이 맞는지 틀렸는지 확인하는 데 시간이 많이 들었다. 그러다보면 계속 다른 내용이 추가적으로 나와 그것들을 재확인하고 필요한 내용인지 판단하는 데 신경을 많이 써야 했다.

이런 식으로 하나하나 직접 출처를 더듬어가며 정보를 찾다보니 시간도 오래 걸리고 공도 많이 들었다. 하지만 일단 노트를 만든 다음은 오히려 간단했다. 모은 정보들을 순서대로 구성해서 요약노트만 만들면 됐다. 공부는 해야 하는데 책은 없고 콘텐츠들만 흩어져서 돌아다니는 상황에서 택할 수 있었던 최선의 방법이었다. 다행히 늘 그랬듯이 노트를 만드는 과정 자체를 통해 공부가 되었고, 손으로 쓰다 보니 노트에 더 애착이 생겨서 만든 뒤에도 더 열심히 활용할 수 있었다.

키노트를 만드는 작업은 공부를 시작한 지 두 달이 지날 무렵부터 시작했다. 매일같이 몇 시간 동안 요약노트를 펜으로 꾹꾹 눌러

쓰느라 하루를 마치고 집에 갈 때가 되면 손이 덜덜 떨릴 만큼 힘이 들었다. 그래도 꾸준히 하니 작업을 완성할 수 있었고 완성된 키노트는 반복해서 읽었다. 이 요약노트는 만드는 과정 동안에 이미 파편화된 정보가 내 머릿속에서 지식 구조로 자리 잡았기에 반복해서 읽고 연상하며 정보들을 되새김질하는 과정이 공부의 전부였다. 게다가 다른 책이 없고, 시중에서 내 능력이 닿는 한 구할 수 있는 내용은 모두 구해서 요약한 것이 그 노트였기에 다른 자료를 보고 싶어도 볼 자료가 없었다. 이것과 4년 전의 기출 문제만 가지고 공부했다. 같은 노트를 완벽하게 외우도록 읽고 쓰고 요약하고 말로 혼자 설명하기를 반복했다.

    그럼에도 불구하고 시험장에서 문제를 풀 때는 당혹스러웠다. 생소한 내용들, 알 듯 모를 듯한 내용들이 꽤 있었기 때문이다. 출제 경향이라는 걸 파악을 할 수 없었던 상태에서 몇 년 전 자료를 기반으로 혼자 공부를 했으니 적중률이 낮은 것은 당연한 결과였다. 하지만 재미있게도 시험 때 느꼈던 당혹감에 비해서는 점수가 잘 나왔다. 아마 공부하면서 본 것들, 구조에는 연결되지 않았지만 리서치를 하는 동안이나 노트를 읽고 연상하는 동안 한두 번 스친 내용들이 알게 모르게 남아 문제를 푸는 데에 도움을 주었기 때문일 것이라고 생각한다.

키노트 작성법

1. 공공 디자인

상하관계에 따라 목차 구분

1) 정의 (1) 의미 : 국가와 사회 구성원들이 함께 향유하는 대상의 가치를 향상시키는 작업 대중의 삶의 질 향상을 위해 공공성을 실현하는 행위

(2) 주체 : 공공기관, 사회구성원

(3) 대상 : 국가나 공공기관에 귀속된 요소들 (ex: 가로, 광장)

(4) 목표

① 공공성, 객관성, 지속가능성
② 문화를 축으로 한 디자인 가능성
③ 개인적 가치와 사회적 가치의 디자인적 조정

내용은 상세하게, 자연스럽게 연결되도록 바로 알아볼 수 있도록

(5) 대표 연구자

	고든 쿨렌(Gorden Cullen)	케빈 린치(Kevin Lynch)
학파	영국학파	미국학파
직업	편집자, 화가	교수, 건축가
도시연구목적	도시 환경의 질에 대한 평가	도시 재건
방법	시각 분석	면접 조사

유사, 대조할 수 있는 항목은 표를 이용

2) 역사 아테네 : 도시 전체에 걸쳐 공공성 구체화

로마 : 포럼 : 정치활동(공론, 재판), 사교활동
└ 원형극장 · 경기장 · 목욕탕 : 여가활동

중세도시 : 공공성 약화, 과시적 공공성 대두 - 왕의 통제권, 지위를 다수에게 과시

화살표, 지시선을 활용하여 시간의 흐름, 연관관계 서술

광장 · 가로 · 파사드의 배치가 도시의 기본 단위가 됨
└ 내 · 외부의 경계가 명확, 위계 존재
└ 도시 공간 요소 배치의 기본 단위, 토지 분할의 기준
└ 공공에 노출 → 사적 공간의 공공적 가치 대두

근대도시 : 시민이 국가에 대해 법적, 정치적 의무와 권리를 지니고 적극적으로 참여

키노트는 앞서 이야기한 지식 구조 만들기의 연장선이다. 머릿속으로 정리한 지식 구조를 종이에 옮겨 적으면 된다. 공부도 마찬가지로 계속 반복해서 노트를 읽고 쓰고 외우기만 하면 된다. 이때 단순히 암기하는 것이 아니라 구조를 통째로 스캔해야 한다는 것을 명심하자.

오답 노트 만들기

객관식 시험을 준비할 때 오답 노트는 굉장히 중요하다. 출제된 문제의 보기 하나하나가 출제자의 의도와 유관하기 때문이다. 내가 틀린 문제의 보기는 무엇을 알고 모르는지 가르는 필터가 된다. 따라서 오답 노트를 작성할 때는 정답만 적는 것이 아니라 왜 오답을 골랐는지, 이 보기가 왜 출제되었는지 파악해야 한다.

문제를 풀다 틀린 것은 현재 모르고 있는 것이다. 틀렸다는 사실이 부끄러워 실수했다고 위안하며 은근슬쩍 넘어가서는 안 된다. 지금 모르는 것을 바로잡지 않으면 나중에도 모른다. 반드시 오답 노트를 통해 모르는 부분을 알고 넘어가고, 또 몰랐던 부분이 전체 맥락에서 어떤 내용들과 연관이 있는지를 되짚으면서 기억을 강화해야 한다.

　오답 노트는 이름은 노트지만 빈 노트에 틀린 문제만 모아 자르고 붙이는 식으로 만들 필요는 없다. 그 과정 자체에 시간이 너무 많이 들어 공부보다는 공작을 하다 시간을 다 써버릴 수 있기 때문이다. 문제집이나 모의고사 시험지의 빈칸에 오답 노트를 작성하자. 만약 공간이 부족하다면 메모지에 오답 노트를 써서 붙여놓으면 된다.

　오답 노트를 적을 때 중요한 것은 단순히 무엇을 틀렸는지를 찾아내는 것이 아니라 어떤 사고를 했기에 틀린 답을 골랐는지, 오답을 도출한 사고 과정 중에서 어디를 고쳐야 답을 맞게 찾아갈지를 아는 것이다. 정말 그 내용을 몰라서 틀렸는지, 문제를 잘못 읽어서 아예 답을 찾는 방향을 틀리게 잡았는지 아니면 문제는 똑바로 읽었는데 답이 되는 내용을 잘못 알고 있거나 모르고 있었는지, 다 맞게 풀어놓고 마지막에 실수를 한 건지 등 문제를 틀린 원인은 다양할 수 있다. 그렇기에 그 틀린 원인을 확실히 구분해 고쳐야 한다. 특히 동일한 실수가 반복되면 그 부분은 꼭 고쳐야 한다. 실수도 습관이 된다.

　문제를 풀었는데 틀린 개수가 많지 않거나 답이 헷갈려서 둘 중 하나를 찍은 경우가 많다면 맞은 문제들도 다시 보는 게 좋다. 특히

오답 노트 작성법

1. 밑줄친 부분과 의미가 가장 가까운 것은?

   <u>Imminent</u> danger does not seem to diminish his enthusiasm to climb mountains even in inclement weather

   ① Unforeseen

   ② Increasing ── 문제 해설 적기

   ③ Impending → 매달리다.

   　　　　　　impend : 끝에 매달리다 → 임박한, 절박한

   ④ Incipient → 초기의, 시작의 = initial v. initiate

   * forebear : 선조, 조상 = forefather
   　　　　　　참다, 견디다
   * forearm : n. 전완, 팔뚝
   　　　　　　v. 미리 무장하다

   이 문제를 왜 틀렸을까?
   기본서의 어디에
   이 내용이 나올까?
   이 문제를 맞히려면?

후자의 경우 맞았어도 반드시 다시 봐야 한다. 헷갈려서 찍었는데 운 좋게 맞은 문제는 진짜 아는 것이 아니다. 시험 점수는 운으로 보장되지 않는다. 맞은 문제도 다시 보고 헷갈렸던 부분이 어디인지, 왜 답을 고를 때 고민했는지, 어떻게 하면 헷갈리지 않을 수 있는지를 반드시 알고 넘어가야 한다.

오답 노트를 통해 약점들을 하나하나 챙겨 헷갈리는 부분이 적어질수록 점수는 오르고, 문제를 풀 때 자신감도 생긴다. 이렇게 꾸준히 공부 내공을 쌓으면 자신의 약점이 무엇이고 어떻게 대처를 해야 하는지를 다 파악할 수 있다. 또한 어디서 조심을 해야 하는지, 문제를 어떻게 풀어나가야 할지 방향을 잡을 수 있고, 어떤 문제풀이 방식이 자신에게 가장 적절한지 알 수 있다.

나는 오답 노트를 적을 때 이 문제를 왜 틀렸는지, 맞히려면 어떻게 해야 하는지, 기본서의 어디에 이 내용이 있는지를 꼭 생각했다. 이렇게 판단했을 때 틀린 이유가 기본서에서 모르는 부분이나 잘못 알고 있는 부분이 있어서라면 간단하다. 모르던 것 혹은 잘못 알고 있던 것만 정확하게 알면 된다. 공부를 계속할수록 이런 이유 때문에 틀리는 문제는 줄어들게 된다.

하지만 마지막까지 신경이 쓰인 것은 문제를 푸는 습관 때문에 틀린 경우였다. 문제를 풀다 조금만 방심하면 문제가 묻는 것이 아니라 내 마음대로 문제를 오독해서 답을 고르곤 했다. 막상 내용을 알기는 다 아는데 답은 틀리는 어이없는 경우를 몇 번 발견하고 나니 당장 이 습관을 고쳐야겠다는 생각이 들었다. 그래서 문제를 풀 때 문제가 묻는 것을 정확하게 파악했는지를 늘 주의해서 확인했다. 오답 노트를 통해 그 부분이 내 약점이라는 것을 알 수 있었기 때문이다.

오답 노트는 공부해야 할 내용 중 모르는 부분을 줄여나가기 위한 수단이기도 하지만 자신의 문제 푸는 습관을 점검하고 기술적인 부분에서 약점을 파악할 수 있도록 도와주는 효과적인 방법이다. 문제를 푸는 기술이 필요한 객관식 시험을 대비할 때는 꽤 도움이 된다.

약점 노트
만들기

약점 노트란 시험일에 볼 노트로 중요한 내용은 아니지만 평소 헷갈리던 부분을 정리한 노트다. 시험이 다가올수록 수험생들은 불안감 때문에 공부에 집중하기 쉽지 않다. 따라서 이때는 장황한 내용을 이해하는 공부를 반복하기보다는 그동안 공부하며 발견했던 약점을 간략하게 정리하며 불안감을 해소하는 것이 낫다. 이 시기에 작성하는 것이 바로 약점 노트다. 사실 시험 직전이 되면 이미 대부분의 내용은 이해하고 있을 것이고, 만약 이때까지 이해를 못한 내용이라면 그냥 포기하고 아는 것을 정확히 알도록 다지는 것이 점수 확보에 더 효과적이다.

공부가 웬만큼 되어 있는 상태에서 시험을 볼 때 틀리는 부분은 모르는 것이 아니라 어정쩡하게 아는 부분인 경우가 많다. 이런 부분만 챙겨도 점수는 오른다. 따라서 시험 전날이나 당일 아침에 볼 것을 대비해 만드는 약점 노트는 빠르고 정확하게 사실을 짚어낼 수 있도록 간결해야 한다.

객관식 시험은 단편적인 지식을 묻는다. 한 문제에 답은 하나뿐이다. 문제를 보고 답만 정확히 연결할 수 있다면 맥락을 얼마나 알든 모르든 큰 상관이 없다. 그러니 시험 직전에는 책의 첫 페이지로 돌아가서 차근차근 개념을 짚는 대신 최근에 틀린 것이나 헷갈렸던 것을 확실하게 되새기는 것이 더 효과적이다.

약점 노트는 아는 범위 중에서 부족한 부분을 메우기 위한 장치다. 한번 약점은 신경쓰지 않으면 계속 약점이 된다. 그런데 약점은 어떤 것을 몰라서 생기기보다는 암기가 마무리될 만큼 내용을 충분히 반복하지 않아서 혹은 머릿속에 미처 다 들어가지 않은 작은 부분들이 있기 때문에 생긴다. 따라서 약점 노트에는 자질구레하더라도 평소 헷갈렸던 부분만 간추리는 것이 좋다.

사실 이렇게 약점 노트에 간추린 사소한 내용들이 시험에 나올 확률은 상당히 낮다. 하지만 약점인 것을 알면서 대비를 못해서 틀리면 그것 만큼 원통한 일도 없다. 이런 맥락에서 약점 노트는 후회하지 않기 위한 마음의 완충장치인 셈이다.

약점 노트를 작성하다보면 끝없이 늘어나는 분량에 준비가 덜 되었다는 불안감을 느낄 수도 있다. 하지만 공부를 완벽하게 하는 것은 불가능하고 그럴 필요도 없다. 약점은 공부를 하면 할수록 끝없이 발견된다. 게다가 그 약점이란 것은 사자성어 하나가 될 수도 있고 어문 규정 중 한 부분이 될 수도 있으며 영어 단어 하나가 될 수도 있을 만큼 소소하다.

보통 많은 수험생들이 시험 직전 특강을 들으면서 생소하고 낯선 부분들을 문제에서 만나게 되는 경우가 많다. 그런 강의에서는 이미 기본적인 내용들은 다 알고 있다고 간주하고, 시험의 난이도 조절을 위해서 출제되는 책 한 쪽 구석의 덜 중요하고 예외적인 부분들까지 공부하기 때문이다. 따라서 시험 직전에 마무리 특강을 들을 때는 약점이 너무 많다고 불안해하지 말고 그냥 찾아낸 만큼 헷갈리는 문제를 만날 확률이 줄어든다고 긍정적으로 생각하는 것이 컨디션 관리에 유리하다.

약점 노트는 일 초에 한 페이지씩 볼 수 있을 정도면 적당하다. 나는 약점 노트인 메모 카드를 들고 다니면서 수시로 보고, 시험날 아침 시험장에 가는 버스 안에서도 보고 시험 직전에도 보았다. 시험장으로 향하는 버스 안에서나 시험장에 앉아서는 평정심을 유지하기가 힘들다. 마음이 들뜨고 긴 글은 눈에 들어오지도 않고 긴장감 때문에 아무것도 손에 안 잡히는 경우도 많다. 그럴 때 일 초에 한 페이지씩 볼 수 있는 약점 노트가 도움이 된다. 마음이 들떴을 때는 긴 집중력을 발휘하기는 힘들어도 일 초의 집중력은 가능하기 때문이다. 플래시가 터지듯 순간적으로 정보를 받아들이는 일은 오랫동안 집중하는 것보다 훨씬 쉽다. 또 공부의 호흡이 짧아지니 집중하는 간격을 끊고 다시 시작하는 것도 자유롭다.

간결한 약점 노트의 또 다른 장점은 마음이 흔들릴 때 억지로 내용을 이어서 더 볼 필요 없이 잠깐 노트에서 눈을 떼고 맘을 가라앉힌 후 다시 보면 된다는 것이다. 그렇게 봤던 내용들이 시험에 나오지 않으면 약점이 안 나와서 좋고, 하나라도 출제가 되어서 맞춘다면 약점 노트를 만든 보람이 있는 셈이다. 나는 시험에서 불행인지 다행인지 약점 노트에 썼던 내용이 시험에 출제되지는 않았다. 돌이켜보면 혹시 나왔더라도 약점인 걸 미리 알고 확인해서 대비했으니 문제를 풀면서 오히려 기분이 좋았을 것 같다.

약점 노트를 만들면서 만약 시간이 더 있다면 전체를 한 번 통독하는 것도 좋다. 처음 공부를 하며 지식 구조를 세울 때 시간이 모자라거나 기존의 구조와 맞지 않다고 생각해 뛰어넘은 부분이 있기 마련이다. 그런 내용이 있는 줄은 알았지만 그냥 넘어간 내용이나 모르면서 모르는 줄 모르고 있던 부분을 발견할 수도 있다. 그런 것들은 반드시 알아야 하는 내용이 아닐 확률이 높지만 한번쯤 스치듯 보면 나중에 불현듯 기억이 날 수도 있다. 또한 가벼운 통독을 통해 구조 아래의 전체적인 맥락을 다시 짚으며 지식들의 연결 고리들을 확인하고, 이를 통해 키워드들 간의 연상을 반복하면 시험 당일에 그 지식들이 필요할 때 더 빠르게 활용할 수 있다.

혼자 하기 힘들다면 전체를 다시 훑는 마무리 특강을 듣는 것도 방법이다. 어쨌든 주의할 점은 마지막 점검을 하면서 모르는 것이 너무 많다고 불안해하지 않는 것이다. 차라리 모르는 줄도 몰랐던 것을 이렇게 가볍게라도 볼 시간이 있어서 좋다고 생각하는 것이 시험 직전의 컨디션 관리에 유리하다. 지금까지 자신이 해왔던 것을 믿고 그냥 그대로만 하면 된다.

마음을 산뜻하게 만드는
색깔펜 필기법

　노트를 만들 때 색깔펜을 적절히 잘 사용하면 정리를 체계적으로 하는 데 큰 도움이 된다. 색상마다 중요도를 부여해서 필기 내용을 분류하거나 날짜마다 다른 색을 사용해서 공부량을 적절하게 나눠줄 수 있기 때문이다.

　우선 필기 시에는 색상은 셋에서 다섯 가지가 적당하다. 주로 필기를 하는 기본서의 경우에는 6개월 동안 최소한 세 번은 완독을 하게 된다. 그때마다 기존의 내용에 새로운 내용이 덧입혀지는데, 이때 색깔을 사용해 처음 필기한 기본적인 내용들과 점차 덧붙여진 부가적인 내용들을 구분할 수 있다. 처음에 필기하는 색은 진하고 맑은 색을, 다음에 볼 때는 흐리고 옅은 색을 사용하는 등 색채 변화도 단계를 두어도 나중에 복습을 할 때 내용을 직관적으로 알아볼 수 있다. 또한 수업을 들으며 필기를 할 때 회차마다 다른 색으로 필기를 하면 일일 진도를 구분할 수 있고, 이렇게 내용을 나누는 것 자체가 나중에 복습을 하며 기억을 되살릴 때 유용한 도구가 된다.

반면 노트를 만들 때 색상은 두 가지 이내로 쓰는 것이 좋다. 활자로 인쇄된 문서와는 달리 손으로 쓰는 노트는 정렬이나 여백을 맞추기 힘들다. 그렇게 하기에는 공도 너무 많이 든다. 여기에 색상까지 많으면 눈을 어디에 두어야 할지 모르는 결과물이 만들어진다. 그렇기 때문에 노트를 만들 때는 검은색을 기본으로 하되 반드시 알아야 할 것 정도만 색을 활용해 표시하는 것이 간편하고 나중에 보기에 훨씬 용이하다.

색을 고를 때는 두 가지 색상을 대조되는 것들로 선택하고 그 색과 유사한 색상들로 위계를 나타내도 좋다. 가령 대조 관계인 정보는 빨강과 파랑, 보색으로 표시해 구분하고 유사하거나 그것에서 뻗어나간 정보는 분홍이나 남색 등 유사한 색상을 쓰면 중요도를 직관적으로 파악할 수 있다. 물론 두 가지 이상 색상을 쓰기 귀찮다면 한 가지 색상을 써도 된다.

마지막으로 정답을 매기는 펜 혹은 색연필은 좋아하는 색으로 하나만 쓰는 것이 좋다. 펜이 점점 짧아지는 것을 보면서 스스로 어느 정도 공부를 했는지 가늠할 수 있고, 펜의 길이와 반비례하여 충분히 공부를 했다는 자신감이 생기기 때문이다.

이렇게 좋아하는 색으로 채점을 하는 것의 장점은 '오답'의 스트레스에서 조금은 벗어날 수 있다는 것이다. 채점을 하다보면 필연적으로 틀린 문제를 만나게 되고 이 만남이 계속 이어지면 스트레스가 생기기 마련이다. 하지만 좋아하는 색으로 채점을 하면 오답을 만났을 때의 긴장감을 조금은 완화할 수 있다. 좋아하는 노래로 모닝콜을 설정하는 것과 같은 이치다. 나는 코발트 터키색 색연필을 답을 매기는 용도로 썼다. 좋아하는 색만 골라 모아둔 색연필 중 한 자루였는데, 이왕 공부하는 거 좋아하는 색을 옆에 두고 하자고 생각하고 수험 생활을 시작할 때 이 색연필을 골랐다. 수험 생활 동안 문제를 푼 후엔 항상 이 색연필로 점수를 매겼다. 스케줄러에 끝난 일과를 지우는 것도 이 색연필로 했다. 이 모든 일들은 평가의 의미를 담고 있다. 하지만 좋아하는 색이 주는 편안함 덕에 스트레스에서 벗어날 수 있었다.

색깔펜을 사용하는 것에는 심리적인 효과도 부가적으로 따라온다. 다양하고 밝은 색상에서 오는 일종의 컬러테라피 효과다. 색은 감정에 강한 영향을 미친다. 단적인 예로 파란색을 보면 식욕이 떨어지고 노란색은 명랑한 기분이 들게 한다. 빨간색은 에너지를 주고 녹색은 편안함을 느끼게 한다. 그렇기에 일상적으로 다양한 색을 쓰다 보면 수험 생활의 단조롭고 다소 우울하기까지 한 기분을 달래는 데 도움이 된다.

필기용으로 쓰이는 색들은 가시성을 높이기 위해 대개 밝고 선명한 경우가 많다. 나는 이런 색들을 다양하게 곁에 두고 쓰면 단조로운 색들을 쓸 때보다 기분이 나아지곤 했다. 매일 똑같은 공부를 하는데 색이라도 달리할 수 있어서 기분이 나아졌던 것 같기도 하고, 색상 자체가 주는 힘도 있었던 것 같다. 그래서인지 공부 초기에는 파란색 계열을 많이 썼는데, 나중으로 갈수록 자주색이나 오키드 계열로 주로 필기를 했다. 오키드 계열의 색들이 주는 에너지가 좋아서였다.

수험 생활을 하는 동안에는 공부에 도움을 줄 수 있는 모든 것을 다 활용하는 것이 좋다. 컬러테라피 이야기가 신뢰하기 힘들 수도 있지만 재미 삼아 한번 해보는 것도 나쁘지 않을 것이다.

버릴 것은 버리고
필요한 것만 남겨라

    공부를 하다보면 각종 유인물과 시험지 등 기본서 외에도 추가적으로 받은 자료들이 쌓이게 된다. 이걸 받을 때 바로 보고 정리하지 않고 쌓아두면 자료들이 끝도 없이 불어나서 보기엔 너무 많은데 버리자니 아까운 딜레마를 만나게 될지도 모른다. 버릴 것은 아까워하지 말고 버리자.

    기본서와 문제집도 봐야 하고, 모의고사 복습도 해야 하는데 당장 보지 못하는 프린트가 쌓여가는 걸 보면 그걸 다 봐야 한다는 압박감만 커지고 스트레스만 받는다. 그러니 기본서 외에 추가적으로 자료를 공부하는 최선의 방법은 받은 즉시 보고 버리는 것이다. 특히 일일 복습 페이퍼나 쪽지 시험, 단순한 읽기 자료라면 받은 날에

다 보고 버리는 것이 공부에 대한 압박감을 줄이는 데 도움이 된다.

다만 모든 프린트를 다 버릴 필요는 없다. 일정한 기준에 따라 버리지 말고 지속적으로 보아야 하는 프린트들도 있다. 프린트를 남겨놓을지 말지를 결정하는 기준은 두 가지다. 첫째, 계획을 세워서 반복적으로 볼 수 있는 자료인가, 둘째, 다른 데서 구할 수 없는 희소하면서 나에게 도움이 되는 자료인가.

한자나 사자성어 등은 지속적으로 반복해서 봐야 하는 자료이기에 남겨놓는 것이 좋다. 누군가가 공들여 정리한 희소한 자료고 그 내용이 볼만한 가치가 있는 것이라면 그것도 가지고 있는 것이 바람직하다. 그리고 남긴 자료들은 공부 계획에 포함시켜서 언제 어떻게 얼마나 볼지를 결정해야 한다. 그렇지 않으면 공간만 차지하게 된다. 나중에 다시 볼 생각으로 보관해둔 자료를 몇 달째 쌓아두고 있지는 않은가? 그 자료는 앞으로도 보지 않을 가능성이 높다. 책을 다 본 후에는 그 책을 버려야 한다는 말이 있다. 어떤 것을 공부하는 목적은 그 것을 머릿속에 넣기 위함이다. 종이 위에만 있고 내 머릿속에 있지 않은 내용은 내 것이 아니다.

4

슬럼프에 빠지지 않는 마인드 컨트롤 비법

하루를 살아라

공무원 시험은 일 년에 한 번 치러진다. 그 기회를 놓치면 다시 일 년을 기다려야 한다. 그리고 합격하지 못하면 공무원 시험을 준비한 시간은 현실적으로 다른 분야에 취업하는 데 전혀 도움이 되지 않는다. 공무원 시험에서 묻는 지식들은 다른 분야에 쓰기엔 스펙이나 경력으로 인정되지도 않고, 요구하는 내용도 아니기 때문이다. 따라서 공무원 시험을 준비할 때는 압박이 클 수밖에 없다.

다른 시험도 마찬가지다. 시험을 준비할 때는 그 시험에 합격하는 것과 합격이 보장되지 않는 시험에 시간을 쏟는 것 두 가지 중 어떤 것의 장점이 더 큰지 끝없이 잴 수밖에 없다. 따라서 수험 기간이 늘어가면 그동안 들인 시간 때문에 압박감도 커진다.

사실 시험은 많이 아는 사람보다 시험 당일까지 매일의 '오늘'을 끝까지 버티는 사람이 합격하는 게임이다. 공부를 하면서 끊임없이 내가 마주해야 할 질문, 나를 굴복시키고 마는 그 의문, '평생 다시는 오지 않을 바로 이 시간 내가 여기에서 합격할지 아닐지도 모르는 그 시험을 위해 언제까지 책상 앞에 앉아 있어야 할까'라는 그 생각을 딛고 버티는 것이 승리의 열쇠다. 따라서 지금, 오늘을 버티기 위해서 혹은 다가올 시험에 합격하기 위해서 취할 수 있는 가장 좋은 방법은 공부다. 마찬가지로 공부 스트레스를 줄이기 위한 최선의 방법도 공부다. 공부 자체보다도 공부를 해야만 하는 상황이 마음을 지치게 하기 때문이다.

수험 생활은 목표까지 내달리는 '기간'이라기보다는 차곡차곡 쌓아가는 '하루'로 끊어서 생각하는 것이 낫다. 기간은 끝이 보이지 않지만 하루는 오늘만 해야 할 일을 하다보면 어떻게든 끝이 나기 때문이다. 또 기간은 여유롭게 다가오지만 하루는 그렇지 않다. 하루 스물네 시간 중 내가 쓸 수 있는 시간이 명확하게 한정되어 있다는 생각에 작은 시간도 소중하게 느껴진다.

지금 이 순간은 다시는 돌아오지 않을 시간이다. 지금을 놓치면 이 시간은 영영 활용할 수 없다. 매일 하루를 마치며 하루를 아무것도 못하고 흘려보냈다는 생각에 찜찜한 기분이 들어도 그때는 이미

늦은 것이다.

    따라서 수험 생활 중에는 지금 주어진 시간을 어떻게 꽉 채워서 보낼 수 있는지 생각하고 행동해야 한다. 그리고 지금 이 시간을 어떻게 사용할지에 관한 선택들이 자신의 인생에 어떤 영향을 미칠지도 예측해야 한다. 지금 공부를 하는 것과 하지 않는 것이 불러올 결과는 분명 다를 것이다. 나는 하루를 마치며 할 일을 반도 못 끝냈다고 후회하며 집에 가기 싫어서, 시험이 다가왔는데 공부가 부족하다는 생각에 초조하기 싫어서, 내년도 노량진에 있고 싶지 않아서 공부했다. 지금 하지 않으면 나중에 엄청나게 후회할 것 같다는 생각이 들었다.

    하루를 완전하게 살아낸 날에는 집에 돌아가는 길에, 잠자리에 들 때 오늘 하루도 만족스럽고 밀도 있게 살았다는 생각이 든다. 누가 묻지 않아도 나 스스로가 오늘 하루에 대해 뿌듯하게 느껴지고, 어깨에 덕지덕지 붙은 피곤함도 그리 기분 나쁘지 않다. 이런 하루들이 이어진다면 수험 생활 전체를 백 퍼센트 살아낼 수 있다. 그러기 위해서는 쉴 때는 쉬더라도 공부를 해야 할 때는 공부에만 집중해야 한다. 매 순간 그 때에만 집중하고 최선을 다해야 한다. 그리고 이렇게 후회가 없도록 공부한다면 나중에 수험 생활이 다 끝나고 놀 때 누구보다 신나게, 백이십 퍼센트 놀 수 있다. 지나간 시간에 대해 아무런 미련도 없을 것이고, 과거를 돌아보며 '그랬더라면' 하는 생각이 들지 않는다.

수험 생활은 일상과 다르다. 일상의 온도와 리듬으로 공부하면 공부의 효율이 오르지도 않고, 단기간에 합격하는 것 또한 기대하기 힘들다. 일상을 바꾸지 않으면 일단 공부에 투입하는 시간 자체가 모자란다. 일상의 즐거움을 모두 누리면서 단기 합격을 위한 수험 공부를 하는 것은 불가능하다. 따라서 중요한 시험을 대비할 때는 합격이라는 하나의 목표만을 향해 달려야 한다.

누구나 스물네 시간을 가지고 하루를 지낸다. 하지만 그 시간을 어떻게 활용하느냐에 따라 하루가 달라지고 인생이 달라진다. 특히나 수험 생활 기간처럼 인생의 전환기에 서 있다면 하루라는 시간이 인생 전체에 대해 갖는 영향력은 더 크다.

머리를 비워라

　머리를 비우는 일은 집중을 위한 기초공사다. 이것저것 생각이 많고 주변에 신경 쓸 일이 많을 때보다는 주변이 조용하고 어떤 것에도 방해를 받지 않을 때 공부가 잘되는 것은 당연지사다. 공부에만 집중하기 위해서는 공부 외의 것들을 버려야 한다.

　뇌가 배운 것을 최대한 기억하게 만들려면 공부 외의 것들이 차지하는 부분을 최소화해야 한다. 머릿속에 다른 생각이 가득 차면 새로운 정보들은 튕겨나갈 수밖에 없다. 머리가 공부에만 집중할 수 있도록 주변 환경을 말끔하게 만들어주는 것이 좋다. 물리적으로 눈이나 귀에 걸리는 것이 없을 뿐만 아니라 정신적으로도 신경 쓰이는 것이 없도록 해주는 것이 이상적이다.

수험 생활을 시작하면서 나는 대학생활 내내 길러오던 긴 머리를 단발로 싹둑 잘랐다. 몇 년 동안 좋다는 샴푸, 에센스, 트리트먼트를 듬뿍 써가며 관리해온 긴 머리였다. 윤기나는 긴 머리를 다듬고 꾸미는 것은 나의 큰 즐거움이었다. 하지만 그렇게 애지중지하던 머리를 목덜미가 보일 만큼 싹둑 잘랐다. 신경 쓰지 않기 위해서였다.

공부와 상관없는 일에도 관심을 끊었다. 지금 당장 급하지 않은 일은 나중으로 미뤄두어도 된다. 수험생의 최우선 순위는 공부다. 지금 잠깐 자신에게 중요한 일에 집중을 하고 다른 것에 신경을 안 쓴대도 세상은 크게 달라지지 않고 그렇게 뒤쳐지지도 않는다. 드라마를 지금 보지 않아도 나중에 인터넷으로 다시 보면 된다. 지금 그 맛집에 안 가도 진짜 맛집이면 수험 생활이 끝난 후에도 그 자리에 계속 있을 것이다. 지금 그 친구를 보지 않아도 수험 생활이 끝난 다음에 더 즐겁고 가벼운 마음으로 만날 수 있다. 발등에 불이 떨어졌는데 그걸 무시하고 다른 사람 생일 파티에 갈 수는 없다. 일단 급한 불부터 끄는 것이 순서다.

이렇게 기초공사가 끝났다면 이제는 동기부여를 할 순서다. 지금 하는 공부에 의미를 부여하고 공부를 해야 할 이유를 찾음으로써 공부를 꾸준히 계속할 수 있는 원동력을 만드는 작업이다. 사람의 의지에는 한계가 있다. 특히나 힘든 일을 지속하는 일은 의지만으로는 어렵다. 그렇기에 왜 공부를 하는지 그 이유를 인식하는 것이 중요하다. 그 이유가 자신의 인생에서 비중이 큰 것일수록 동기부여의 효과는 더 강력하다.

지속적으로 공부에 동기를 불어넣으려면 자신의 목표를 늘 기억하고 일상과 연결하는 것이 좋다. 목표를 되새기는 것만으로도 공부를 지속할 원동력이 만들어진다. 예를 들어 내 목표는 6월에 합격해서 6개월 안에 공무원이 되는 것이었다. 우연히도 기상시간으로 정한 6시와 '6'이라는 공통분모를 가지고 있었고, 그래서 '6시 기상 6월 합격'이라는 캐치프레이즈를 만들어 수시로 되뇌었다. 마음이 힘들 때, 아침에 눈이 떠지지 않을 때, 밤에 잠들기 전에 입으로 소리 내어 말했다. 이렇게 목표를 일상에 투영하니 정말 힘든 순간에도 붙잡을 것이 생겨 버틸 수 있었다. 정말 힘들고 지치고 더 이상 못하겠다 싶을 때 이 캐치프레이즈를 통해 내가 여기에 왜 있는지 되새길 수 있었고 그를 통해 다시 공부할 힘을 얻곤 했다.

시험이 다가올수록 감정을 차분하게 정리하는 것도 중요하다. 재미나 흥분 같은 강렬한 감정들은 기억을 방해한다. 수험 생활 중 야구장에 세 번 가면 그 시험은 망한다는 말이 있다. 야구장에서 느끼는 감정들이 그간 머릿속에 쌓아왔던 정보들을 압도할 만큼 강렬해서 공부한 내용을 다 잊게 된다는 뜻이다. 마음의 평정심을 유지하려면 잡념과 불필요한 감정들은 정리하는 게 효과적이다. 사람이 기억할 수 있는 내용에는 한계가 있기 때문이다. 따라서 공부하는 내용 외에는 뇌에 다른 정보가 없도록 만들어 주는 것이 좋다. 오로지 공부하는 내용만 시험날까지 머릿속에 온전하게 자리 잡도록 스스로 환경을 만들어야 한다.

다만 마음을 정리하는 것은 그동안 쌓였던 해묵은 감정들까지 탈탈 털어서 해소하는 것과는 다르다. 공부하는 데 방해가 되지 않도록 불필요한 감정들만 잘 정리해서 마음의 지하실 한 구석에 잘 넣어두면 된다. 감정을 없앨 수는 없다. 공부하는 동안에만 감정이 집중을 방해하지 않도록 잠재워두는 것으로 충분하다.

집중의 핵심은 단순함이다. 꼭 필요한 최소한만 남기고 그 외의 것은 모두 지우는 것이 시작이다. 그래야 에너지가 한 곳으로 모이고, 추진력이 생겨난다. 마음도 마찬가지다. 만약 고민이나 풀어야 할 일들이 많다면 당장 해결될 고민은 즉시 해결하고, 시간과 노력이 필요한 일들은 시험이 끝난 뒤로 미루어 두는 것이 좋다.

고민에는 시간도 들 뿐더러 감정적 에너지도 소모된다. 당장 해결될 고민거리가 아니라면 잠시만 잊고 그 고민에 쓰이는 에너지를 앞으로의 인생을 위해 사용하자. 해결되지 않을 일을 가지고 끙끙대기보다는 그 에너지를 공부에 쏟아 빨리 결과를 낸 뒤에 문제를 해결하는 것이 장기적으로 봤을 때 인생에 더 유익하다.

물론 마음속에 불쑥 시시때때로 솟아나는 고민을 애써 묻어두는 일은 무척 어려운 일이다. 하지만 해결되지 않을 고민에 시달리고, 또 거기에 매달려 정작 할 일을 못하고 있는 자신을 탓하는 것은 더 힘든 일이다. 마음속에 쓸 데 없는 생각이 솟아날 때마다 속으로 '그만!'이라고 외치거나 잠깐 행동을 멈추고 마음을 가라앉히자. 잡념이나 고민을 끊어내는 연습을 하는 것이다. 수험 기간 중의 불안도 마찬가지다. 불안이 넘쳐 오를 때마다 '그만!'이라고 마음속으로 외치고 단호하게 끊어내는 연습을 하자.

사실 불안이라는 것은 통제하지 못하는 것에 대한 공포와 연관되어 있어 다스리기 힘들다. 내 의지와 상관없이 튀어나와 정신을 뒤흔들고, 마음을 견딜 수 없을 때까지 괴롭히곤 한다. 나도 수험 기간 내내 불안에 시달렸다. 이를 잠재우기 위해 수도 없이 억지로라도 생각의 방향을 바꾸고 마음을 다잡으며 견뎌야 했다.

불안을 잠재우기는 힘들지만, 불안에 휘둘려서 공부에 써야 할 귀한 시간을 놓치는 것은 더 안 될 일이다. 오히려 생각을 약간 바꿔보면 수험 생활의 불안을 해소하는 가장 좋은 방법은 공부하는 것이다. 공부는 불안의 근본적인 원인을 제거하는 가장 효과적인 방안이다.

공부에 쏟는 노력은 힘든 수험 생활을 빨리 끝내는 원동력이다. 불안하더라도 스스로를 믿고 공부해나가는 것이 중요하다. 스스로를 믿지 못한다면 아무것도 이루어지지 않는다. 이 정도로 공부하고 애쓰고 있는데 못 해낼 리가 없다고 믿고, 그만큼 노력하면 정말로 된다.

빠르게 달리려면
버틸 체력이 필요하다

공부에 관한 한 가장 유명한 거짓말은 '4당5락'이다. 네 시간 자면 붙고 다섯 시간 자면 떨어진다는 뜻이다. 정말 네 시간만 자고 공부하면 시험에 붙을 수 있을까? 시험범위가 적고, 정말로 시간이 없을 때는 이 말이 맞을지도 모른다. 하지만 몇 달 이상을 준비해야 하는 시험에서 4당5락은 답이 아니다. 그렇게 잠을 자지 않다가는 우선 몸이 축난다.

체력은 정말 중요하다. 정신력이 더 중요하다고들 하지만 정신력이 아무리 강해도 몸이 안 따라주면 무엇이든 할 수가 없다. 눈앞에 놓인 것이 까만 건 글자고 하얀 건 종이로 보이는 지경인데 공부를 할 수 있을까? 체력과 정신 두 가지가 함께 있어야만 온전한 한 사람이 된다. 그런데 이 몸을 정신력이면 다 된다면서 함부로 다루고 돌보지 않으면 정신마저 망가진다. 체력이 뒷받침되지 않는 정신력은 허울 좋은 구호일 뿐이다.

수험 생활은 생각보다 많은 에너지를 요하는 일이다. 뇌는 혼자서 우리가 섭취하는 칼로리의 이십 퍼센트 정도를 소비한다. 그만큼 머리를 쓰는 데 힘이 든다는 것이다. 게다가 오랜 시간 같은 자세로 앉아 있는 것 자체도 쉬운 일이 아니다. 그 시간 동안 집중력을 유지하는 것은 더 힘들다. 그러니 몸이 피곤하고 체력도 떨어진 상태에서 집중하기가 더 힘든 것은 당연지사다. 뇌도 우리 신체의 일부다. 따라서 뇌의 활동에도 체력이 뒷받침되어야 한다. 또한 뇌가 활발하게 작동하는 데 혈류도 중요한 역할을 한다. 순환계가 튼튼해야 뇌에 양분과 산소를 잘 공급해줄 수 있다.

결국 집중력은 정신력보다는 체력의 영역에 가깝다. 공부를 해야 하는데 머리가 너무 아파서 책이 눈에 도저히 들어오지 않거나, 앉아서 집중해야 하는데 허리가 너무 아파서 앉아 있지 못한다면 정말 안타깝고 화가날 것이다. 또 아무것도 하지 못하고 흘러가는 시간도 아깝게 느껴질 것이다. 이런 상황을 겪지 않고 효율적으로 공부하려면 몸이 마음을 지배할 수 있도록 튼튼하게 보살펴야 한다.

나의 경우 평소에 스스로 체력이 나쁘지 않다고 자부했다. 하지만 공부를 해보니 그렇지 않았다. 처음에는 조금 피곤하고 몸이 뻐근한 정도였지만 시간이 갈수록 피곤은 둘째치고 병원을 제집 드나들듯 다니게 되었다. 특히 수험 공부 막바지에는 동네 이비인후과를 VIP 수준으로 자주 갔다. 길에서 의사 선생님과 만나면 알아보고 인사할 정도로 면역력이 최악이었다. 그러니 감기라도 걸리면 좀처럼 감기가 떨어지질 않았다. 빨리 나으려고 복용한 약 기운에 머리가 멍해 공부가 되질 않았고 짜증이 나곤 했다. 차라리 움직이지도 못할 만큼 아프면 그 핑계로 쉬기라도 할 텐데, 그 정도는 아니어서 공부를 하는 둥 마는 둥 이어나가야 했으니 더 힘들었다. 나름대로는 체력관리에 신경을 쓴다고 자는 것, 먹는 것, 운동까지 다 챙겼는데도 스스로에게 화가 날 만큼 몸이 망가졌었다.

그래서 특단의 조치로 매일 아침 한 시간씩 운동을 했다. 운동은 1을 투자해서 10을 거둘 수 있는 최고의 방법이다. 지금 당장 일어나 운동을 시작하자. 매일매일 하루 한 시간씩 운동을 하라니 시간 낭비처럼 느껴질 수도 있다. 하지만 운동은 체력이 떨어지는 것을 예방하는 최선의 방법이다. 또 땀이 흠뻑 날 만큼 운동을 하고 샤워한 뒤에 느끼는 상쾌함 덕에 하루를 산뜻하게 시작할 수 있다.

특히 수험생들에게는 아침 운동을 추천한다. 몸을 움직이다보면 아침잠이 말끔히 달아난다. 물론 일어나서 운동하러 가는 동안에는 졸리고 귀찮고 온몸이 삐그덕거리지만 몸을 움직이다 보면 밤새 잠을 자는 동안 굳어 있던 근육들이 부드럽게 풀리고, 몸 곳곳에 산소가 공급되면서 정신이 맑아진다. 몸이 깨어나니 뇌도 자연히 깨어나고, 공부할 준비가 저절로 된다. 이렇게 아침을 시작하면 하루 종일 앉아 있어도 덜 피곤하다. 또한 뇌는 잠에서 깬 지 두세 시간쯤 후에 가장 활발하게 활동한다고 한다. 따라서 아침에 조금 일찍 일어나 운동하고 씻으면 뇌가 가장 활기찰 때 공부를 시작할 수 있다.

반면 저녁 운동은 실제 운동량에 비해 훨씬 더 피곤하게 느껴질 수 있어 추천하지 않는다. 하루 종일 최선을 다해 공부하고 이제는 쉬고 싶은데 아직도 운동이라는 과제가 남아 있다면 체력적으로, 심리적으로도 버겁다. 그러면 운동하기도 싫어지고 억지로 운동을 하는 셈이 되어 운동 효과도 덜하다.

운동은 스트레스 관리 차원에서도 강력히 추천한다. 운동이 정말로 세상에서 제일 끔찍한 경우가 아니라면 몸을 움직이며 느끼는 즐거움은 수험 생활에 작은 활력이 되어줄 수 있다. 아침에 스트레칭을 하면서 몸의 감각들이 서서히 깨어나는 느낌, 땀을 흘리고 샤워한 뒤에 느끼는 상쾌함, 공부를 잠시 잊고 다른 것에 집중할 수 있다는 해방감 때문에 나는 운동하는 것이 즐거웠다. 게다가 몸은 쓰는 만큼 정직하게 반응한다. 운동에는 시간을 많이 들여야 하고 결과가 나오는 순간까지 끝을 예측할 수 없는 수험 생활에서 느낄 수 없는 성취감이 있다. 어제는 어렵던 스트레칭이 오늘은 될 때 느끼는 만족감은 불안정한 수험 생활을 견디는 데 큰 도움이 된다.

나는 운동 효과를 크게 본 편이라 늘 이렇게 운동을 예찬하다시피 이야기한다. 수험 생활 내내 평일에는 아침 운동을 했는데, 주말에는 피트니스 센터가 늦게 열어 운동을 하지 못했다. 고작 하루 차이었지만 주중과 주말의 컨디션 차이를 크게 느꼈다. 공부할 때의 집중력과 속도가 달랐고, 저녁의 찌뿌둥함과 다리 붓기 정도가 달랐다. 그래서 주중에는 절대 빼놓지 않고 운동을 했다. 늦잠을 잔 날에도 단 삼십 분이라도 몸을 풀고 학원에 갔다. 정말 귀찮고 졸려 등이 이불에서 안 떨어지는 날도 여럿이었다. 하지만 운동을 한 날과 안 한 날의 컨디션 차이를 알기에 포기할 수 없었다. 단 삼십 분이라도 스트레칭을 하고 몸에 열을 냈을 때와 하지 않을 때의 컨디션이 확실히 달랐다. 특히 수험 생활을 하면 어깨가 뭉쳐서 돌덩이 같아지고는 하는데 스트레칭으로 뭉친 근육을 계속 풀어주니 훨씬 덜 무거웠다.

자리에 앉아서 할 수 있는 스트레칭도 많다. 목을 앞, 뒤, 오른쪽, 왼쪽으로 천천히 젖히고 손으로 살짝 눌러주어 목과 어깨 근육을 늘려줄 수 있다. 어깨 돌리기도 좋고, 손목도 생각날 때마다 탈탈 털어주자. 계속 한 자세로 펜을 쥐느라 긴장한 손목 근육을 풀어주는 데 도움이 된다. 앉은 상태에서 몸통을 돌려 뒤를 한 번씩 봐주면 허리 스트레칭이 되고 골반 쪽을 톡톡 두드리면 그것만으로도 다리가 풀린다. 다리가 부은 것 같을 때는 앉아서 발목만 천천히 까딱까딱해주어도 다리가 훨씬 가벼워진다. 이것저것 다 귀찮으면 잠깐 밖으로 나가서 팔 벌려 뛰기 스무 번만 크게 하자. 몸에서 열이 날 만큼만 운동하면 몸이 풀리면서 집중력이 돌아오고 잠도 깬다.

혹시 하루 종일 앉아 있어서 다리가 붓는다면 종아리랑 발목 쪽에 근육을 키우는 것을 추천한다. 가장 단기간에 효과를 볼 수 있는 방법은 줄넘기다. 딱 이 주만 매일 줄넘기를 1,500개에서 2,000개 정도 사십 분 내지 한 시간 안에 해보자. 발목과 종아리가 튼튼해진다. 처음 며칠 동안은 미친 듯이 힘들고 발바닥과 다리도 뻐근하다. 하지만 초반에 힘든 시기만 지나면 근육통도 안 생기고 다리도 덜 붓는다.

잠도 중요하다. 뇌는 수면 중에 하루 중 받아들인 정보들을 분류해서 잊어버리거나 장기 기억으로 전환한다. 따라서 양질의 수면을 취하면 공부의 효율성을 높일 수 있다. 하루 종일 힘들게 공부한 것을 뇌가 멋대로 중요하지 않은 정보로 분류해서 폐기하거나 정보가 과다하다고 이전에 공부한 것은 잊어버리면 아까울 테니 말이다.

공무원 시험은 며칠 벼락치기로 준비하기엔 분량이 방대하다. 어설프게 알아서는 합격할 수 없다. 또 문제 수가 적어 한 문제 차이로 당락이 갈리는 시험이기도 하다. 따라서 철저히 준비해 정확한 지식을 가지고 주어진 문제를 단시간에 집중력 있게 풀어야 한다. 그런데 평소에 잠이 부족해 늘 피곤한 상태로 지낸다면 한 문제 한 문제 정확하게 분석해서 답을 고르는 데 필요한 집중력을 연습하기 힘들다. 충분히 숙면을 취한 상태에서 발휘하는 맑은 집중력은 피곤한 상태일 때와 확연히 다르다.

수면 시간뿐만 아니라 수면의 질도 중요하다. 눈을 감고 자리에 누워 있는다고 뇌가 완전히 휴식을 취하는 것은 아니다. 잠의 질은 제각각이라서 삼십 분이라도 꿀잠을 잘 수도 있고, 열 시간을 자도 피로가 풀리지 않아 뒷목에 돌덩어리 하나 달아놓은 느낌이 들 수도 있다. 꿈도 꾸지 않을 만큼 푹 자는 것이 좋다. 안타깝게도 수험 기간 중에는 잠을 이루지 못할 이유가 수만 가지는 되지만 그래도 최대한 숙면을 취하도록 노력해야 한다. 다음 날의 컨디션과 집중력에 엄청난 영향을 미치기 때문이다. 충분한 수면 시간 만큼 얼마나 깊이, 잘 자는지가 관건이다. 특히 공부에 쓸 시간도 부족한 수험생은 잠에 많은 시간을 할애할 수 없으니 그만큼 깊이 잘 자야 한다.

나는 수험 생활 동안 여섯 시간 내외로 잤다. 대개 12시나 그 이

전에 잠들어서 6시에서 6시 15분 사이에 일어났다. 컨디션이 좋을 때에는 5시 30분 쯤 깬 적도 종종 있었다. 가장 중요하게 여긴 것은 일정한 수면 패턴을 유지하는 것이었다. 그렇게 하면 몸이 잘 때와 깨어 있을 때를 기억하기 때문에 숙면을 취하는 데 도움이 된다. 또 밤에 정해진 시간에는 무조건 자고, 낮에는 절대로 자지 않는다는 규칙을 정했다. 특히 시험을 보는 오전 10시에서 12시 사이에는 공부를 하지 않더라도 잠은 절대로 자지 않았다. 그때는 무조건 깨어서 맑은 정신이어야 하는 시간이었다. 그리고 집에 와서는 자기 전에 다리를 높이 올리고 누워있거나 라벤더 오일을 바르며 긴장을 풀고 잘 자기 위한 준비를 했다. 밤에 잠을 설칠 것을 대비해 낮 12시 이후에는 커피도 마시지 않았다.

  규칙적인 생활은 일상의 틀을 잡아준다. 공부에 집중하려면 공부 이외의 요소를 말끔히 정돈해 딱히 신경을 쓰지 않아도 하루가 잘 흘러가도록 시스템을 만들어야 한다. 그러기 위해 하루를 잘 구조화하는 것뿐만 아니라 하루가 언제나 그러했듯이 잘 흘러가게 만드는 것이 중요하다. 일상의 돌발 변수가 생기지 않고 다른 것에 신경 쓸 필요 없이 공부만 할 수 있도록 규칙적인 일상을 만드는 것이 이상적이다. 그리고 그것이 변함없이 반복되어야 한다.

  지루한 이야기다. 열심히 공부하고 규칙적으로 생활하라는 것.

특별하지 않은 방법일 수도 있다. 하지만 이는 수험 생활의 효율성을 높이기 위한 가장 기초적인 방법. 방해가 되는 요소는 제거하고, 필요한 것을 적절한 시기에 필요한 만큼 행하는 것이 효율성을 높이는 기본 자세다.

단기 합격을 꿈꾸고 있다면 머릿속에는 공부하는 내용, 수험 전략, 집중하겠다는 생각 이외의 것들은 있어서 도움이 되지 않는다. 지금을 가치 있게 보내기 위해서는 그 외의 것들을 잊을 수 있게 만드는 규칙적인 생활 습관과 그것을 뒷받침할 체력이 필요하다. 수험 생활은 몸을 빠르게 축내지만 안타깝게도 공부는 몸으로 하는 일이다. 체력 관리는 정말 중요하다.

경쟁을 인식하고 있는 것이
도움이 될 때도 있다

노량진은 썩 유쾌한 동네는 아니다. 사실 고시촌이 다 그렇다. 이런 동네는 수험생들만 모여 있는 탓에 분위기가 다소 삭막한 편이다. 노량진역에서 나와 허름한 육교를 건너야만 학원가에 갈 수 있는데(지금은 육교가 없어졌다) 그 다리를 건널 때면 세상과는 유리된 섬에 유배되는 것 같다.

노량진에는 수험 생활에 집중하느라 삶을 잠시 유예한 이들이 모여 있다. 덕분에 노량진만의 묘한 분위기가 있고, 수험생들만의 자체적인 일 년의 스케줄대로 움직이기에 수험생이 아닌 사람이 가면 이질적인 느낌에 고개를 갸웃거리게 된다. 게다가 바로 옆에 수산 시장이 있어서 비린 바람이 분다. 별로 가고 싶지는 않은 곳이다.

사실 요즈음은 거의 모든 강의를 온라인으로 수강할 수 있어 얼마든지 집에서 편하게 공부할 수 있다. 누군가와 시간을 맞추거나 강의실을 찾아가거나 자리를 잡기 위해 서두를 필요 없이 원하는 시간에 원하는 만큼 강의를 듣고 자기가 편한 방식으로 공부를 하면 된다. 집에서 공부하면 통학에 드는 시간도 공부에 활용할 수 있으니 굳이 노량진에 갈 이유가 없다고 보이기도 한다.

하지만 노량진에서 공부하는 것이 좋은 이유가 있다. 바로 경쟁심리다. 사실 굳이 노량진이 아니어도 되고, 수험생들이 모여 있는 곳이면 어디든 된다. 동네 도서관이어도 좋고 신림동이어도 좋다. 함께 공부하는 이들이 모인 곳에서 발생하는 시너지 효과는 상당하다.

사람은 환경에 영향을 많이 받는다. 따라서 공부하기에 적절한 환경을 만들거나 찾아가는 것이 중요하다. 노량진 학원가에는 수험생들이 모여 있고 그들과 함께 공부하면 주변 분위기를 따르게 된다. 경쟁자들이 바로 눈앞에서 공부하는 만큼 더 열심히 공부하게 되는 것이다. 반면 집에서 공부하면 장소가 주는 편안함 때문에 긴장이 풀리고 집중력이 흐려지기 마련이다. 수험생들 사이에 있을 때 느끼는 긴장감과 집에서 혼자 있을 때 느끼는 긴장감은 크게 다를 수밖에 없다. 이 차이는 공부 효율에 직접적으로 영향을 미친다. 게

다가 집은 각종 활동이 일어나는 공간이다. 집에서는 잠을 자고 밥도 먹고 친구가 놀러오기도 한다. 공간이 품고 있는 활동이 굉장히 다양하기에 공간과 공부라는 활동 간의 연상이 크게 만들어지지 않는다. 공부하던 공간에 가면 자연스레 공부가 되는 것처럼 그 반대의 경우도 마찬가지다. 누구나 학창시절 시험 기간에 집에서 공부하면 집중하기 힘들었던 경험이 있을 것이다. 집에서는 공부보다 다른 활동들이 더 많은 시간을 차지하고 있어서 그렇다. 마찬가지로 카페에서 공부하는 것도 지양해야 한다. 카페에서 공부하는 것과 자습실에서 공부하는 상황을 비교해보면, 카페에서는 편안하게 공부할 수 있지만 깊게 집중하기는 어렵다. 주변이 소란스럽고 여러 사람들이 오가는 탓에 주의가 흐트러지기 쉽기 때문이다. 반면 자습실이나 독서실 등에서 공부를 할 때는 불편하긴 하지만 적막함 자체가 공부에 집중을 하는 데 도움을 준다.

수업을 듣는 장소도 같다. 학원에서 수업을 들으면 주변의 수강생과 앞에서 수업하는 선생님 덕분에 집중이 잘된다. 하지만 집에서 인터넷으로 혼자 강의를 들을 때는 다르다. 딴짓을 하든 집중을 하든 아무도 신경 쓰지 않는다. 주변에 눈치를 주는 사람조차 없으니 자기 자신밖에는 스스로를 통제할 사람이 없다. 아무도 없을 때 혼자서 자기 자신을 다잡고 통제하는 것은 누군가와 함께 하는 것보다 훨씬 힘들다.

현장의 분위기가 주는 긴장감, 주변 수강생들을 보며 생기는 경쟁 심리의 동기 부여 효과는 굉장히 강력하다. 강단 위 선생님과의 눈 맞춤, 주변의 수험생들이 공부에 몰입하는 모습, 쉬지 않는 노트 필기, 책장 넘어가는 소리들이 주는 현장감은 상당하다. 그만큼 공부에 몰입하는 데 도움도 된다. 또한 학원에서는 공부하다 모르는 것이 생길 때 바로 질문이 가능하다. 온라인으로도 실시간으로 질문할 수는 있지만 실제로 얼굴을 보고 대화를 통해 지식을 전달받는 것과 온라인에서 문자로만 지식을 전달받는 것은 깊이에서 차이가 있다. 실제 대화에서 전해지는 비언어적인 신호들은 온라인상 문자로는 전달이 되지 않는다.

학원에서는 같은 수험생들끼리 모여 있는 상황에서 생기는 모종의 소속감으로 인해 심리적인 안정감도 가질 수 있다. 수험 생활 동안 일상 생활을 하는 친구들을 만나면 스스로를 약간 주변으로 밀려나 삶의 궤도에서 이탈한 사람이라고 느껴져 우울해지는 경우가 많다. 하지만 수험가에는 그런 사람들이 모여 있는 덕에 모종의 동질감을 느낄 수 있다.

어떤 목표를 달성하는 데 경쟁은 효과적인 수단이다. 사람이라면 누군가보다 잘하고 인정받고 이기고 싶은 마음을 가지고 있다.

시험 합격이라는 희소한 자원을 두고 싸워야 하는 상대가 눈앞에 있다면 자연히 경쟁이 발생한다. 그리고 이는 강력하게 동기를 부여해 잠재된 능력까지 모두 발휘할 수 있다.

물론 지나친 경쟁은 좋지 않다. 오히려 효율을 떨어뜨릴 수도 있다. 경쟁을 통해 목표에 매진하는 대신 상대에 대한 미움이 피어나거나 지나치게 스트레스를 받을 수도 있기 때문이다. 이런 부작용을 피하려면 경쟁을 하는 이유를 항상 인식하고 있어야 한다. 지금 왜 여기에서 이 공부를 하고 있는지를 염두에 두고, 주변의 같은 수험생들을 같은 목표를 향해 노력하는 선의의 경쟁자로 인식하자. 그들을 통해 동기 부여의 계기와 공부의 효율성을 얻되 스트레스는 피하는 것이 좋다.

스트레스를
제거할 수는 없다

　스트레스는 항상 존재한다. 어떤 상황에서건 스트레스를 받는다. 심지어 스트레스를 풀기 위해 무언가를 시도하는 것조차 스트레스가 될 수 있다. 이미 스트레스를 받은 몸과 마음을 달래서 무언가를 해야 하는 것도 엄청난 감정이 소비된다.

　흔히들 스트레스를 '해소'한다고 하지만 스트레스는 결코 완전히 해소될 수 없으며 그림자처럼 평생을 함께한다. 다만 시기에 따라 그 수준이 높아지거나 낮아질 따름이다. 따라서 스트레스는 '관리'해야 한다. 적정 수준을 넘지 않고 일상에 지장이 가지 않도록 완급을 조절하는 것이다. 팽팽한 풍선을 터지지 않게 하려면 어느 순간에는 바람을 빼줘야 하는 것과 비슷하다.

특히 수험 생활 중에는 시종일관 긴장상태여서 스스로 감당하지 못할 정도로 스트레스가 쌓이곤 한다. 이런 스트레스를 관리하려면 우선 자신의 스트레스 수준이 어느 정도인지 파악해야 한다. 그리고 스트레스 수준이 과도하거나 혹은 정황상 곧 과도해질 것 같다면 스트레스를 풀어줄 무언가가 필요하다.

수험 생활 중에는 스트레스 수준을 낮추는 방법이 쉽고 빠를수록 좋다. 수험생 신분에서 공부 외에 시간이 많이 드는 일은 애초에 하기 어렵기 때문이다. 일상에서 쉽게 찾을 수 있는 방법, 가장 시간이 적게 드는 자신만의 스트레스 해소 방법이 있을 것이다. 그것이 맛있는 음식이든 쇼핑이든 상관없지만 중요한 것은 최소 시간에 최대 효과를 낼 수 있어야 한다는 것이다. 가령 나에겐 패션잡지와 핸드크림이 스트레스를 줄이는 수단이었다. 패션잡지는 가격이 저렴하고 부록을 준다. 그래서 잃어버려도 아깝지 않고 덤으로 선물을 받는 느낌이 들어 기분도 좋아지곤 했다. 보는 데 시간이 얼마 걸리지 않고 내용이 이미지 위주로 구성되어 눈이 즐겁다는 점도 매력적이었다. 한편 핸드크림은 항상 사용하는 것이고 향기를 맡을 때마다 기분이 좋아지는 점 때문에 선택했다. 예쁜 패키지에 담긴 향긋한 핸드크림은 시간을 안 들이고 일상 속에서 쉽게 기분을 좋게 만들어주곤 했다.

시험에서 성공하려면 긴장을 스스로 컨트롤할 줄 알아야 한다. 따라서 긴장해야 할 때 알맞게 긴장하기 위해서는 긴장을 완전히 푸는 시간도 꼭 있어야 한다. 나의 스트레스를 스스로 관리하지 못하면 스트레스 정도는 높아져만 가고, 결국 위험 수준에 다다르게 된다. 그러니 잠깐이라도 완전히 내려놓는 휴식의 시간이 필요하다. 그게 어떤 형태로 이루어지든 상관이 없다. 무엇에도 방해 받지 않고 평화로워지는 리셋 시간이 있어야 한다. 가장 효과적인 방법으로는 흔히들 말하는 '멍 때리기'가 있다. 머리를 비우고 몸의 긴장을 풀고 아무것도 하지 않는 멍 때리기 시간이 가져다주는 휴식감은 생각보다 크다.

물론 이런 휴식의 형태는 사람마다 다양하다. 어쨌든 중요한 것은 공부를 하며 느끼는 긴장감을 잠시라도 잊는 것이다. 기존의 흐름에서 잠깐 빠져 나와 다른 것을 하면서 쌓였던 긴장을 풀고 스트레스 수준을 낮추는 것이 핵심이다.

휴식을 하는 데는 리듬이 필요하다. 긴장과 휴식을 적절하게 왔다 갔다 할 수 있어야 한다. 물론 말처럼 쉽지 않다. 정작 휴식해야 하는 순간에 고민거리나 하던 공부 때문에 제대로 쉬지를 못하거나 휴식이 과도하게 늘어나버리거나 혹은 반대로 할 일이 너무 많아서 휴식할 시간이 없는 경우가 많기 때문이다.

그래서 휴식도 일상에 잘 포함되도록 어느 정도는 계획을 하는 것이 좋다. 어느 시간에 어느 동안 만큼은 아무것도 하지 않고 긴장을 푸는 시간으로 설정해 두고 그 시간대로 지키는 것이다. 그리고 그 시간 이외에는 줄기차게 공부하면 그 휴식을 제대로, 더 달콤하게 누릴 수 있을 것이다. 나는 그렇게 긴장을 푸는 시간이 집에 와서 잠들기 전이었다. 아침에 눈을 떠 하루 종일 공부를 하고 집에 돌아와서는 그냥 누워서 말 그대로 아무것도 하지 않았다. 정말 아무것도 하기 싫었다. 하루 종일 열심히 공부했고 오늘을 충분히 살아낸 것 같아 무엇을 더 하겠다는 생각 자체가 없었다. 오늘도 열심히 살았고 내일도 열심히 살 건데 지금이라도 아무것도 하지 않는 사치를 누리겠다는 심리였다. 물론 그 시간에 공부를 했다면 어떨까하는 생각도 한다. 하지만 결과적으로 이런 시간이 있었기에 하루를 버틸 수 있었다. 아마 집에서도 뭔가를 더 보겠다는 생각을 했다면 압박감 때문에 수험 생활을 버티지 못했을지도 모른다. 휴식은 정말 중요하다. 아무것도 하지 않는 일은 긴장을 푸는 효과적인 방법이다. 다만 그것이 차지하는 시간이 너무 길어지지 않도록 조심하면 된다.

사실 수험 공부는 심리전이다. 누가 끝까지 덜 흔들리고 버티는지가 당락에 큰 영향을 미친다. 따라서 대범하게 마음먹고 시작하는 것과 그 마음을 끝까지 유지하는 것이 중요하다. 그렇기에 스트레스 관리가 필요하고 '나는 된다'라고 일부러라도 긍정적으로 생각해야 한다. 일단 된다고 믿고 시작하면 될 확률이 조금이라도 생기지만 안 된다고 생각부터 져버리면 안 될 확률이 백 퍼센트다.

이미지 트레이닝도 좋은 방법이다. 합격한 자신의 모습을 꿈꿔 보거나 90점 맞은 시험지를 상상해보자. 상상이 자세하고 구체적일 수록 좋다. 언제 어디서 무슨 옷을 입고 있는지, 시험지의 사이즈와 색깔, 감촉은 어떤지, 무슨 펜으로 문제를 풀고 정답을 매겼는지, 주변엔 무엇이 있는지, 그 소식을 처음으로 누구에게 전할지, 그 소식을 들은 사람이 얼마나 기뻐할지 또 나는 얼마나 뿌듯할지 등 자세하고 긍정적일수록 좋다. 그 상상을 반복하면서 그것을 꼭 이룰 수 있다고 스스로 믿어야 한다. 그래야 공부를 할 동력도 생긴다.

마냥 긍정적으로만 마음먹기 힘들다면 시험을 만만하게 생각해보자. 사실 공무원 시험에서 묻는 과목은 국어, 영어, 한국사와 선택과목 두 개뿐이다. 그리고 문제 수는 객관식 백 문제다. 앞의 공통과목 세 개는 이미 학창시절에 배운 것이다. 뒤의 선택 과목들은 어쨌든 암기 과목이다. 알면 알고 모르면 모르는 것이다. 추론이나 증명 따위를 묻지 않는 시험이다. 그러니 '까짓것, 이미 다 했던 거 복습하는 거네!'라고 시험을 만만하게 보자. 어떻게 잘하면 될 것 같아야, 할 만해 보여야 덤빌 자신도 생긴다. 오르지 못할 나무는 쳐다보지도 말라는 말을 뒤집어 보면 올라갈 수 있는 나무는 올라가도 된다는 말이다.

이미 다 아는 것을 복습한다는 생각이 들어, 그래서 시험이 좀 만만하게 보인다면 이제는 각오를 다질 차례다. 혹은 '깡'이 필요한 순서다. '안 되면 되게 하라'라는 말을 새기며 근거 없는 자신감을 끌어올려야 한다. 그러다보면 어떻게 해야 정말로 이뤄질지를 생각하게 되고, 진짜로 공부에 몰입할 수 있을 것이다.

아무리 평소에 열심히 공부를 하고 많이 알고 있어도 시험 직전에 스트레스를 과도하게 받아 마음이 흐트러져 공부에 느슨해지거나 긴장을 푼다며 다른 일들을 하면 결과는 좋기 힘들다. 그래서 시험 직전일수록 평소 스케줄을 유지하는 것이 중요하다. 두 달 전에 알았던 것을 오늘도 알고 있으리라는 보장은 없다. 한 번 보고 절대 잊어버리지 않는다면 수험 공부가 힘들 수 없다. 그게 아니니 반복이 필요하고, 특히 시험 직전에 평소처럼 반복하는 것이 필수적이다. 그리고 이렇게 평상시처럼 행동하려면 평정심이 깔려 있어야 한다. 담대하게 마음먹고 스트레스에 휩쓸리지 않는 것이 좋다. 평소처럼 생각하고 행동하면서 끝까지 뚝심 있게 공부를 지속해나가자.

나 자신에게
관대해지는 것도 슬럼프다

　공부를 시작한 지 3개월쯤 되면 수험 생활에 익숙해지면서 긴장이 조금씩 풀리기 시작한다. 흔히들 말하는 슬럼프가 오는 시기도 이때다. 내가 겪은 증상들은 다음과 같다. 요즘 왠지 공부가 쉽게 끝나고 별로 공부할 만한 것도 없는 것 같다. 공부 중에 멍하니 있는 시간이 조금씩 늘어나고 정말 깊게 집중할 때 느끼는 고요함도 없어졌다. 한 번 집중했다 정신을 차리고 시계를 봤을 때 한두 시간쯤 훅 지나가 있는 경우도 점점 줄어들었다. 이렇게 점점 공부가 만만하게 느껴지거나 집중하는 시간이 짧아지는 것 같다면 재정비가 필요한 때다. 물론 이건 내 경우고 사람마다 징후는 다르다. 중요한 것은 슬럼프의 징후가 보일 때 즉각적으로 대처하는 것이다.

슬럼프를 벗어나기 위한 첫 번째 방법은 단기 집중법이다. 십오 분 단위로 깊게 집중하는 연습을 하는 것이다. 일단 시계를 보고, 지금부터 딱 십오 분 동안은 정말로 공부에 집중하겠다고 생각하고 최선을 다해서 집중력을 끌어올린다. 그리고 잠깐 가볍게 공부하다 다시 십오 분 동안 몰입하는 것을 반복한다.

이렇게 집중 패턴을 지속적으로 반복하는 건 굉장한 노력을 요하는 일이다. 몇 번 반복하면 금방 지쳐버린다. 다시 말하지만 집중력을 주기적으로 끌어올리고 또 일정시간 동안 유지하는 것은 정신력을 상당히 소모한다. 하지만 힘들더라도 계속 반복하면 집중하는 시간이 조금씩 길어진다.

다른 극복법은 공부의 긴장감을 유지하기 위해 공부의 양을 늘리는 것이다. 공부량이 많아지면 일일 할당량을 끝내야 한다는 의무감 때문에 긴장감이 들어 반강제적으로라도 집중하게 된다. 이전에는 복습만 했다면 이때부터는 복습 후에 문제 풀이도 병행하는 식으로 공부량을 늘려보자. 나는 슬럼프가 오면 일일 독해 분량을 늘렸고, 사자성어도 더 많이 암기했다. 이런 식으로 최대한 집중해야만 해낼 수 있을 만큼의 공부량을 정해 하루를 빡빡하게 구성하고 해내려 애를 쓰는 동안 점점 슬럼프에서 빠져나올 수 있었다.

우울하고 점수가 잘 나오지 않는 것만이 슬럼프는 아니다. 마음이 풀어지는 것도 슬럼프다. 집중력이 흐트러지는 것이나 공부가 하기 싫은 것보다 더 심각한 슬럼프다. 나 자신에게 느슨해지는 것은 극복하기 힘들다. 자신에게 거는 기대치가 낮으면 무엇이 문제인지도 모르고 현실에 안주하게 된다. 스스로의 성공에 혹은 실패에 취해 있게 되는 것이다.

예컨대 공무원 시험은 국가직과 지방직으로 나뉘어져 있고 수험생들 대부분이 두 시험을 모두 본다. 이렇게 국가직 시험이 먼저 끝나고 나면 많은 수험생들이 마음이 풀어지는 슬럼프를 겪는다. 일단 시험을 하나 쳤으니 뭔가 끝난 느낌도 들고, 게다가 국가직을 잘 봤다면 다음 시험 때도 이만큼만 하면 되겠다는 생각이, 못 봤다면 차라리 내년을 보고 여유 있게 공부하는 것이 어떨까하는 유혹이 든다.

하지만 다음 시험에도 비슷한 수준의 점수를 받으리라는 보장은 절대 없다. 일 년 더 공부한다고 해서 점수가 반드시 오른다는 보장도 없다. 따라서 이럴 때일수록 안주하지 않고 오히려 공부의 강도를 더 높여야 한다. 시험이 끝난 날 딱 하루만 쉬고 그 다음부터는 평소처럼 공부 스케줄을 진행하자. 공부량을 늘리거나 공부 방법을 바꿔 보는 것도 좋다. 기존에 전혀 하지 않았던 공부 방법을 시도해 보면 긴장감을 유지할 수 있다. 무언가 새로운 것을 시도하면 아무래도 신경이 더 쓰이고 공을 들이게 되기 때문이다. 혹은 공부 장소를 바꾸어보거나, 심화 공부를 시작해볼 수도 있다. 예를 들어 기존에는 영어 단어만 외웠다면 이제는 그를 넘어서 영어 예문을 공부할 수도 있다.

실제로 노량진에 있으면서 국가직이 끝난 다음 날부터 학원 자습실에 사람이 줄어드는 것을 본 적이 있다. 그제까지만 해도 꽉 차서 밀도 높은 침묵만 흐르던 자습실에 드문드문 자리가 비어 있고, 묘하게 분위기도 긴장감이 덜했다. 다니던 학원에서 뿐만 아니라 노량진 전반에 걸쳐 분위기가 다소 변한 것을 느꼈을 때는 더 놀랐다. 시험이 끝난 직후에는 그럴 수도 있겠다고 생각했는데, 그 분위기는 다음 시험 직전까지도 크게 달라지지 않았다. 이런 분위기에 휩쓸리지 않고 지금 해야 할 일에만 집중하는 것이 좋다. 자신의 결과에 취해 있지 말자. 기존에 잘 유지해온 공부 리듬을 시험이 끝날 때까지 지키면서 해나가는 것이 중요하다.

지킬 자존감과
붙잡을 무엇

　마음은 몸보다 말랑하다. 충격에도 더 약하고, 한번 다치면 쉽사리 낫지도 않는다. 아무리 자존감이 탄탄하고 자신만만한 사람도 계속 어려운 상황, 자존감을 깎아 내리는 일들을 겪다보면 마음이 약해진다. 예전의 당당함은 잊어버리고 표정은 침울해진다.
　수험 생활이 그런 상황이다. 다른 사람들은 다 그럭저럭 잘 살고 주변 친구들은 커리어를 착실히 쌓아나가고 있는 것 같은데 나만 여기에 멈춰있는 느낌이 든다. 또 나는 소속된 곳도 없고 아무것도 아닌 것 같다. 미래는 불안하고, 공부를 하고 있다는 것만 빼면 일상이 백수와 다를 게 없다. 나를 찾는 이가, 내가 필요한 곳이 없다는 느낌, 나는 아무것도 아니라는 식의 소외감이나 무력감은 자존감에 강펀치를 날린다.

    이럴 때일수록 스스로를 칭찬해 주는 것이 필요하다. 물론 상황이 힘든데 밝게 생각하고 긍정적으로 마음먹는 것이 쉽지는 않다. 힘든데 더 힘을 내야 하는 상황 자체가 짜증이 날 수도 있다. 그렇다면 상황이니 뭐니 생각하지 말고, 그냥 오늘 잘한 일 하나만을 찾아보자. 그리고 잘했다고, 수고했다고 스스로에게 말해주자. 위로에는 거창한 것이 필요하지는 않다. 작은 칭찬 하나, 기분 좋은 소소한 순간 하나가 다친 마음을 회복하는 데 도움을 주고 오늘을 버티게 한다.

    어떤 일을 하든 자존감은 참 중요하다. 인간은 스스로를 가치 있다고 여기기에 앞으로도 자신에겐 좋은 일이 생길 거라고, 스스로 삶을 더 아름답게 가꾸며 살게 될 것이라고 기대할 수 있다. 또 더 크고 의미 있는 일들을 꿈꿀 수 있고 그것이 이뤄질 것이라고 믿는다. 그래서 자신이 하는 일에 열정적일 수 있고 노력할 수 있다.

    반면 자신의 가치를 믿지 않고 스스로의 삶이 보잘것없다고 여기면 무언가를 열심히 하기는 쉽지 않다. 쉽게 무기력해지고 힘든 일이 닥쳤을 때 그냥 포기해버리기 쉬워질 뿐이다. 어차피 이뤄지지도 않을 거 뭐하러 꿈을 꾸냐며 냉소적으로 대꾸할 수도 있다.

    하지만 나 스스로를 믿는 마음은 나의 한계치를 돌파하게 만드는 엔진과도 같다. 외부의 도움은 보조일 뿐이다. 자신을 믿지 않는 사람이 공부한 만큼 성과가 나오는 시험에서, 특히나 한 문제 차이로 당락이 갈리는 경쟁이 심한 시험에서 좋은 점수를 받기는 힘들다.

타인은 나의 자존감을 살리고 다독이기는커녕 열심히 하지 않으면 시험에 탈락할 거라며 공포를 부추기는 경우가 부지기수다. 그래야 겁에 질린 사람들이 초조해져 그들의 말을 믿게 되기 때문이다. 이런 공포감은 스스로를 미약한 존재로 느끼게 하고 마음을 다치게 만든다. 평정심을 잃게 만들어 공부한 만큼의 성과를 끌어내지도 못하게 만든다.

자존감을 지키기 위해서는 스스로를 인정해야 한다. 하지만 스스로를 인정해주는 일이 그렇게 거창할 필요는 없다. 추상적으로 '나는 좋은 사람이야, 나는 괜찮아'라고 말할 필요도 없다. 그냥 오늘 내가 잘한 일을 찾아보자. 사소한 것이라도 좋다. 타인에게 인정받고 칭찬을 듣는 것도 기쁜 일이다. 하지만 내가 한 행동과 그 안의 숨겨진 마음까지 속속들이 알고 있는 자기 자신에게 인정받는 것은 굉장히 뿌듯한 일이다. 오늘 할 일을 다 끝냈다면, 단 십오 분이라도 정말 백 퍼센트 집중했다면, 일어나기 싫은 마음과 귀찮음을 이기고 제 시간에 학원에 도착했다면, 오늘 나와의 약속을 지켰다면 스스로를 마음껏 칭찬하고 다독여주자. 그렇게 작은 일들부터 스스로 성취한 것들을 인식하다보면 어느새 자존감이 튼튼해진다. 오늘 하나라도 잘한 것이 있다면 그 일에 대해서는 칭찬받을 자격이 충분하다. 오늘도 잘 해냈으니까 스스로 잘한 일, 좋은 점을 찾아 마음껏 칭찬하고 뿌듯해 해도 된다. 나는 오늘 하루도 버텨낼 만큼 괜찮은 사람이라고, 가치 있는 시간을 보냈다고, 오늘 하루도 좋은 날이었다고 믿어도 좋다.

자존감 외에도 마음이 버티도록 붙잡을 무언가가 필요하다. 마음이 흔들리고 불안할 때 그 마음을 잡아줄 자신만의 한 마디 말, 그 말을 소리 내어 말해보자. 스스로 소리 내서 말하게 되면 그 믿음은 더 강력해진다. 그대로 믿게 되고, 또 이루어지게 된다. 이때 그 말 한 마디가 목표를 압축적으로 나타낼 수 있는 것이라면 그 효과는 더 강렬하다. 마음으로 바라는 것, 원하는 것을 말 한 마디에 담아 그 말 자체가 일종의 상징처럼 작용하기 때문이다.

나는 '6시 기상 6월 합격'이라는 말을 달고 살았다. 아침에 눈 뜰 때, 밤에 세수 할 때, 정말 힘들어서 책상에 엎드려있고 싶을 때, 피곤한 아침에 지하철을 시간을 맞춰 타려고 어쩔 수 없이 뛰어야 할 때 저 짧은 문구를 되새겼다. 나는 반드시 6월에 합격해서 이걸 끝낼 거라고, 절대 다시는 하지 않을 거라고 다짐하며 저 말을 끝없이 되새기면서 있는 기운 없는 기운을 전부 끌어내 공부했다. 되뇌다보니 저 말 자체가 나에겐 반드시 이루어야 하는 목표가 되어 있었다. 말은 말일 뿐이고 다른 선택지도 있었지만 어느 순간 나에겐 저 목표 밖에는 없다고 여겨졌다. 결과적으로 아무것도 아닐 수 있는 한 마디 말이 나에게는 공부를 지속할 이유가 되어주었다. 무엇을 위해서든 6월에 꼭 합격하려면 지금 공부를 해야만 했다. 그래서 나의 마음에게 흔들릴 기회조차 주지 않을 수 있었다. 동시에 저 짧은 문구가 나에게는 붙잡을 수 있는 그 무언가 혹은 그 상징이었다.

사람은 꿈이든 가족이든 목표든 바라는 무언가, 붙잡아야 할 무언가 있기에 힘든 상황도 버티고 견뎌낼 수 있다. 그런데 그 마음을 말에 담아 상징으로 만들었으니 오히려 붙잡지 않을 도리가 없었다. 수험 공부를 시작하면서 스스로에게 저 말을 쥐어주었다.

달리기를 잘하려면 우선 기초 체력이 튼튼해야 한다. 또 잘달리게 도와줄 장비들도 필요하다. 운동화를 신을 사람이 슬리퍼를 신은 사람보다 빠르게 달릴 확률이 높은 것은 당연하다. 공부를 할 때도 마찬가지다. 자존감은 일을 추진하기 위한 마음의 기초체력이다. 스스로를 귀하게 여기지 않고 자신의 노력을 인정하지 못한다면 무언가를 진심으로 하기는 힘들다. 특히 시간을 오래 들여서 꿋꿋하게 해야 하는 일이라면 더욱 자존감이 튼튼해야 한다. 자존감이 주변의 영향 때문에 쓸려 나가거나 닳아 없어지지 않도록 잘 붙잡아야 한다. 마음을 잡아줄 말도 마찬가지다. 그 말 한 마디 자체는 아무것도 아닐 수 있지만 그것을 붙잡음으로써 인해 생겨나는 힘, 버티는 힘이 중요하다.

  손에 골프공을 쥐고 달리면 더 빠르게 달릴 수 있다고 한다. 공 자체가 힘을 주는 것이 아니라 그것을 붙잡음으로 인해 근육을 조금 더 잘 쓸 수 있게 되기 때문이다. 말도 마찬가지다. 말 한 마디만 잘 붙잡아도 마음이 조금 더 튼튼해질 수 있다.

정말 힘들 땐
딱 하루만

　수험 생활이 막바지에 접어들 무렵인 5월 말, 수업 중간에 뛰쳐나가 월미도를 간 적이 있다. 내 나름대로는 어마어마한 일탈이었다. 유난히 자리에 앉아 있기가 힘든 날이었다. 아침에 국어 수업이 있었는데 그날따라 기분이 불안정했다. 평소엔 괜찮게 듣던 수업도 그날은 왠지 신경줄을 끊어놓을 듯한 소음으로 들리고, 속에서 마구 뒤엉킨 혼란스러운 감정들이 치밀어 올랐다. 강단에 서 있는 선생님에게 그만하라고 화라도 내고 싶을 만큼 상태가 최악으로 치닫고 있었다. 더 이상 교실에 앉아 있다가는 금방이라도 미쳐버릴 것 같아서 간신히 이성을 붙잡고 교실을 떠났다. 수업이 한창 진행 중이었지만 그런 걸 신경 쓸 겨를이 없었다. 정말 미치기 일보 직전이었으니까.

　탁 트인 깊고 파란 바다를 보면 속이 좀 후련할 것 같았다. 그래서 정동진으로 가려고 했는데 이게 웬걸, 청량리에서 기차 타고 다섯 시간 사십 분이 걸린단다.

　아쉬운 대로 서해로 향했다. 가는 동안에도 갈등이 컸는데 이러면 안 된다는 모종의 죄책감과 어찌되든 신경 쓰지 않겠다는 생각이 마음속에서 충돌했다. 그렇게 갈등을 하며 월미도에 도착했고 근처 버스 정류장에 내리자 바람에 섞여오는 바다 냄새에 기분이 풀렸다. 하지만 안타깝게도 월미도는 상상했던 탁 트인 파란 바다가 아니었다. 바다라면서 왜 저 멀리에 아파트 단지가 보이는지, 또 물빛은 왜 그리 탁한지.

　그래서 그냥 바다 냄새만 맡고 돌아왔다. 하지만 이 작은 여행이 그날 나에게는 큰 위안이 되었다. 그냥 잠깐 월미도만 갔다 왔을 뿐인데도. 정말 못 견디게 힘든 순간에 내가 나 스스로를 위해 무언가를 할 수 있었고 또 했다는 사실 자체가 크게 힘이 되었던 것 같다. 정말 힘든 날에, 정말 당장이라도 숨이 안 쉬어질 듯 답답한 날에는 하루 정도는 평소와 다른 쉬는 틈을 가지는 것도 괜찮다. 힘든 자기 자신을 스스로 다독이고, 다시 힘을 낼 수 있도록 도와주어야 하니까. 지금까지 열심히 공부했으니 딱 하루 정도는 쉬어가도 괜찮다.

작가의 말

수험 생활은 힘들다. 공부 자체가 어렵고 분량이 많아 힘들기도 하고, 언제 합격할지 모른다는 불안감에 마음이 괴롭기도 하다. 무언가 바라고, 그를 얻기 위해 노력하는 과정에서는 그럴 수밖에 없다.

시험을 피할 수 있다면 좋겠지만 안타깝게도 시험은 평생 계속된다. 수능이 끝나면 대학에서 시험을 치고, 대학을 졸업하면 입사 시험을 보고, 취직을 하면 승진 시험을 본다. 어떤 시험은 가볍게 볼 수 있지만 어떤 시험은 너무나 어렵다. 그 시험에 많은 것들이 걸려 있는데 반드시 쳐야 하는 시험이라면 더욱 그렇다.

이렇게 시험은 살아가다보면 늘 마주쳐야 하는 관문이다. 그렇다면 조금이라도 쉽게 그 관문을 통과하는 게 좋다. 즉 요령이 필요한 것이다. 요령을 뜻하는 영단어 'Hang'은 원래 아주 오래 전 다리미가 없던 시절에 옷감을 구김이 가지 않도록 빨랫줄에 잘 걸어 말리는 행동에서 유래되었다고 한다. 두꺼운 천을 널 때와 가벼운 천을 널 때의 방법은 달랐을 것이다. 또한 키가 큰 사람과 키가 작은 사람이 빨랫줄에 옷감을 거는 방법도 각각 달랐을 것이다. 이처럼 요령은 사람마다 다르고 해야 하는 공부마다 다르다. 공부에 원칙은 있을지언정 그 원칙을 구현하는 방법을 굳이 한 가지만 고집할 필요는 없다.

내가 제시하는 방식도 마찬가지다. 이 책에 담은 방법은 다른 사람이 아닌 바로 나라는 사람이 공무원 시험을 준비하면서 알아낸 공부 요령을 담았다. 치사한 공부법의 핵심은 다른 사람들이 좋다고 하는 방법이 아니라 나의 생활 패턴과 사고방식, 마음가짐을 먼저 파악하고 나에게 최고로 잘 맞는 요령을 찾아나가는 것이다. 따라서 내 방법을 그대로 따라하는 것에 그치는 것이 아니라 나아가 자신에게 꼭 맞는 새로운 공부 요령으로 발전했으면 한다.

이 책을 쓰면서 항상 상기한 말은 '솔직하자'였다. 어려운 말로 포장하거나, 나도 할 수 없는 공부법을 알려 주면서 내 수험 생활을 과장하려고 하지 않으려 노력했다. 사실 수험 생활 자체가 그냥 나였다. 온통 공부에만 내 모든 것을 쏟았기에 진짜 내 이야기를 빼고는 쓸 수 없었다. 공부하는 과정에서 했던 선택들 자체가 철저하게 나를 공부에만 집중하게 하기 위한 것들이었다. 따라서 내 습관, 성격, 특성들이 고스란히 반영되었고 그걸 믿고 읽어주었으면 하는 바람에 다소 감추고 싶은 이야기들도 모두 다 넣었다. 그만큼의 정성이 들어간 책이니 이 책이 당신의 마음을 움직일 수 있었으면 한다. 이 책이 나와 같은 수험생들에게 공부의 동력이 되길 바란다.

  마지막으로 수험 생활 동안 그리고 책이 나오기까지 도와준 사람들에게 고맙다는 말을 전하고 싶다. 늘 잘되라고 기도해주신 외할머니 문을순 여사님, 늘 응원해준 엄마, 아빠, 동생, 합격했을 때 정말 내 소식처럼 기뻐해준 이모들과 동생들, 몇 달 동안 잠수타고 연락이 안 되었어도 다시 나타났을 때 반갑게 맞아준 친구들, 일일이 다 언급하자면 이름 목록이 책 본문보다 길어질 것 같아서 생략하지만 다들 정말 고맙다. 주변 사람들에 대한 믿음이 있었기에 수험 생활 동안 마음을 더 다잡고 공부에만 집중할 수 있었다고 생각한다. 마지막으로 어설픈 원고가 책이 될 수 있게끔 전심전력으로 도와주고 함께 고민해준 알에이치코리아의 진송이 편집자에게도 고맙고 만나서 참 다행이었다는 말을 전하고 싶다.

이슬기

부록

합격을 부르는
공무원 시험 6개월 로드맵

수험 생활을 시작하기 전

직렬 및 과목 선택

어떤 직렬의 시험에 응시할 것인지, 만약 전공 과목이 아닌 선택 과목을 시험 보는 일반 행정직을 선택했다면 어떤 과목을 선택할 것인지를 먼저 고민하고 결정한 후에 공부를 시작하자. 선택지를 명확하게 정해놓지 않으면 공부 중간에 마음이 흔들려 공부하는 과목을 자꾸 바꾸고 싶은 유혹이 들고, 그 유혹에 넘어가 과목들을 계속 변경하다 보면 어느 하나에도 집중할 수 없다.

직렬을 선택하기 전에는 우선 해당 직렬에서 요구하는 과목이 무엇인지 살펴보아야 한다. 그리고 제시된 과목들 중 가장 익숙하거나 경험이 있는 과목을 선택하는 것이 공부하기에 유리하다. 특히 전공 과목을 보는 직렬이라면 전공자들이 유리한 것이 당연하다. 만약 선택 과목을 결정해야 하는 일반 직렬을 선택했다면 과목을 결정하기 전에 해당 과목의 수험서 목차 부분을 한번 살펴보고, 책도 가볍게 넘겨보면서 어떤 내용들을 공부해야 하는지, 혹시 익숙한 내용이 있는지 확인해보아야 한다. 그리고 비교적 아는 내용이 많은 과목, 용어들이 익숙한 과목, 어디서 한번 들어본 적이 있는 과목을 선택하기를 권한다. 만약 익숙한 과목이 없다면 가장 빠르게 점수를 올릴 수 있는 진입장벽이 낮은 과목을 선택하는 것이 유리하다.

과목별 접근법

● 국어

국어는 매일 쓰는 언어지만 만만하게 봐서는 안된다. 익숙하게 쓰는 만큼 규칙이 생소하기 때문이다. 따라서 복습을 통해 그 규칙들을 정확하게 아는 것이 중요하다. 강의를 듣고 복습하면서 정말 내용을 이해했는지 되짚어보고 안 되었으면 질문을 해서라도 꼭 이해하고 넘어가야 한다. 물론 처음에 공부할 때는 이렇게 이해하고 배운 것을 머리에 넣기에도 바쁠 수 있다. 이때는 기본적인 내용만 확실하게 챙기는 것으로 족하다.

문법이 아니라 지문을 읽고 푸는 문제들은 빨리 정확하게 읽기 위한 연습을 꾸준히 해야 한다. 처음 읽기 연습을 할 때는 어휘부터 공부하는 것이 유리하다. 매일 쓰는 언어지만 단어의 의미들을 정확하게 알지 못하고 쓰는 경우가 종종 있기에 문장을 정확하게 읽을 밑바탕을 깔아주는 것이다. 정확하게 많이 읽다보면 속도는 차차 붙게 된다. 그리고 초기는 아직 시간적 여유가 있으니 한자나 사자성어 공부도 같이 해주는 것이 좋다. 따로 시간을 내기 힘들다면 지하철에서 외우거나 자투리 시간을 활용해도 좋다. 나는 매일 지하철에서 혼자서 암기 게임을 했다.

공부에 조금 익숙해지면 당일 수업을 당일에 복습하는 습관을 계속 유지하는 것이 좋다. 이전에는 복습을 통해 지식을 머릿속에 넣는 데 집중했다면 이제는 복습하면서 지금 모르는 것이 무엇인지 발견하고 그 부분을 공부해야 한다. 기본서를 한 번 다 봤다면 대략적인 흐름과 내용들은 머릿속에 있고 그 중에 누락된 내용, 다 알지 못하는 부분들이 있을 것이다. 그러니 문제를 풀면서 모르는 부분이 무엇인지 명확하게 찾는 연습을 하자. 기본 내용을 읽을 때 아는 듯 모르는 듯 넘어갔던 내용은 문제를 풀 때 결국 틀린다. 그런 부분을 찾아내고 아는 것은 더 확실히 알도록 다져주는 작업을 해야 한다.

지문 독해는 늘 꾸준히 해야 한다. 초기에 정확한 독해를 위해 어휘를 챙겼다면 어느 정도는 문장을 정확하게 읽을 수 있을 것이다. 그러면 이제는 문장이 아니라 단락별로 읽되 문제를 풀 때 필요한 부분을 찾아내는 연습을 시작하면 된다. 글을 통째로 읽는 대신 구성을 생각하며 핵심적인 부분을 찾고, 그 핵심 내용 중에서도 필요한 내용이 무엇인지를 가려낼 수 있어야 한다. 한자나 사자성어 공부도 놓지 말아야 한다. 이때 하지 않으면 나중에 시험에 임박해서 시간이 없을 때 더더욱 보지 않게 된다.

● 영어

영어는 어느 시기가 되었든 복습이 가장 중요하다. 다만 공부를 시작할 타이밍에는 복습을 하되 문법과 단어 중 어느 것이 더 문제가 되는지를 판단하고 취약한 부분에 시간을 투자해야 한다. 두 가지가 고르게 이루어져야 독해에 속도가 붙고 점수도 올라간다.

문법은 수업 시간에 배운 것을 충실하게 복습하는 것이 시작이다. 공식처럼 외우지는 않아도 지문을 정확히 읽고 문장 안에서 어색한 부분을 찾아낼 수 있을 정도로 해야 한다. 그 외에 관용구로 외워야 하는 부분들은 시험이 다가올 즈음에 정리해서 외워도 늦지 않다.

문법과 동시에 단어도 굉장히 중요하다. 시험에서 난이도 조절을 위해 흔히 쓰이지 않는 단어들을 끌어와 쓰는 경우도 많고, 모르는 단어가 많으면 자연히 독해가 부정확해지기 때문이다. 매일 공부한 부분에서 모르는 단어를 찾아서 정리하는 방법도 효과적이며 정리한 후에는 반드시 그 단어를 암기해야 한다. 나는 이렇게 공부했더니 6개월 동안 단어로만 A5 사이즈 노트 세 권이 빽빽하게 채워졌다.

시간이 흘러 영어 공부에 조금 익숙해지면 당일 수업을 당일에 복습하는 습관이 잡힐 것이다. 이때 모르는 것을 모른 채로 넘어가지 않도록 유의하면서 독해의 비중을 더 높여야 한다. 문법이나 단어 모두 영어로 된 텍스트를 정확하고 빠르게 읽기 위한 기초 작업이다. 기초를 쌓았다면 다음으로는 실제로 텍스트를 독해하는 연습이 필요하다.

독해 문제집은 스스로 느끼기에 살짝 어려운 수준으로 선택하되 굳이 특정한 수험서일 필요는 없다. 나는 텝스 책으로 공부했다. 텝스는 수준별로 책이 나와 있어 고르기에 편했고 종류도 다양했다. 또한 단어가 토익처럼 비즈니스 용어에 중점을 두고 있지도 않아 유용했다. 일일 공부량은 평소처럼 집중했을 때 할 수 있는 최대치를 목표로 잡고 조금씩 늘려나갔다. 문제를 푼 뒤에는 답뿐만 아니라 틀린 이유를 찾고 지문을 다시 읽어 모르는 문법과 단어를 정리했다.

독해와 단어는 끝까지 챙겨야 한다. 단어는 아무리 외워도 모르는 단어가 계속 나온다. 또 독해는 꾸준히 하지 않으면 읽기 속도가 느려지기에 바로 티가 난다. 꾸준함이 결과를 만든다. 시험 당일까지 감을 유지한다는 생각으로 매일 독해를 하고 단어를 외워야 점수가 안 떨어진다.

● 국사

한국사는 처음에 접근할 때 큰 줄기를 잡는 것, 사건들이 어떻게 연결되어 있는지를 이해하는 것이 중요하다. 연도를 외우는 것도 필요하지만 개별 사실들 간의 관련성, 필연적 흐름을 찾으며 공부하면 이해도 암기도 훨씬 빠르게 할 수 있다. 처음 공부하는 경우라면 많이 아는 것에 크게 욕심을 내지 말고 수업시간에 들은 것만 충실하게 복습하는 것이 좋다. 사실 큰 사건을 정확히 알기에도 두 달이 모자랄지도 모른다. 고조선부터만 해도 시간이 5000년쯤 되고, 그 이전에 있었던 석기 시대 이야기나 소국의 역사도 개략적으로 알아야 하기에 공부할 양이 적지 않다. 따라서 큰 흐름을 잡아 큼지막한 사건들을 우선 외우고 나서 세부적인 내용들을 챙기는 것이 가장 빠르다. 세세한 내용들까지 다 챙겨 공부를 하려면 진도를 나갈 수가 없다. 게다가 그렇게 소소하게 공부한 것까지 다 복습하고 기억을 유지하기에는 시간과 노력이 너무 많이 든다. 한국사의 모든 내용을 다 알겠다는 욕심은 버려야 한다.

국사의 큰 흐름이 머릿속에 들어갔다면 이제는 그 흐름을 보강하고 살을 붙일 차례다. 나는 처음에 공부한 얇은 기본서를 다시 반복하되 그림으로 외웠다. 사용했던 기본서는 흐름표 형식으로 되어 있는 책이어서 각 페이지의 흐름표들을 그 모양 그대로 기억하려고 노력했다. 책을 한 번 본 뒤에 그 페이지를 빈 종이에 똑같이 그리며 암기했다. 당연히 한 번에 다 외워지지 않았고 처음에 페이지를 그리면 빈 부분도 많았다. 그러면 빈 부분은 빨간색 펜으로 채우며 다시 한 번 보고, 전체를 그림처럼 기억하려고 했다. 힘든 작업이었지만 이런 과정을 거치고 나니 큰 사건들이 순서대로 잘 정리되었다. 이와 함께 흐름표에서 생략된 행간의 내용도 배경에 깔아두고 사건들 간의 연관성을 찾아주는 것을 잊지 않았다. 그 뒤의 행간의 내용이 떠오르지 않는다면 책을 찾아 맥락을 다시 짚으면 된다. 마지막으로 사건들을 외우면서 관련된 사료나 중요한 문장 등도 함께 외우면 실제 문제를 풀 때 큰 도움이 된다.

시험이 다가오면 이제 문제를 풀기 위해 필요한 내용을 빠르게 짚는 연습을 해야 한다. 국사 스무 문제를 십오 분 안에 다 풀 수 있게 연습하면 충분하다. 이와 함께 사료들도 챙기는 것이 좋다. 해당 사건에 대한 직접적인 언급 없이 사료만 주고 문제를 풀게끔 요구하는 경우가 많으므로 사료를 모르면 문제를 손도 못 대는 경우가 있다.

특히 자주 언급되고 유명한 사료들은 것들은 꼭 알고 있어야 한다.

시험이 다가올수록 마무리 특강 등에서 생소한 부분을 집어다 문제로 내는 경우가 많다. 하지만 이런 작은 부분에 너무 불안해하거나 무조건 외우려고 하기보다는 그 내용이 시간을 들여서 볼 만큼 가치 있는 내용인지를 먼저 판단하고 공부해야 시간 낭비를 막을 수 있다. 당락을 결정하는 것은 기본적으로 알아야 하는데 모르고 있는 내용이지 지엽적인 내용들이 아니다. 경주 역사 유적 지구를 몰라도 시험에 합격할 수 있다.

● **선택 과목**

선택 과목은 짧고 강도 있게 공부하는 것이 유리하다. 시험에서 요구하는 지식은 개론 수준의 지식이기에 깊이를 요구하지 않아 알아야 할 내용만 정확히 알고 있으면 된다.

나는 선택 과목을 4월 국가직 시험을 사 주 앞뒀을 때 공부를 시작했다. 그전에는 공통 과목 점수를 확보하는 데 모든 시간을 썼다. 선택 과목을 고를 때는 내게 익숙한 것, 잘할 수 있는 요소들이 많은 과목을 선택했다. 사회와 행정학을 선택했는데, 그 이유는 우선 문과를 나와서 사회 과목에 익숙했고 행정학도 목차를 보니 일부 들어 본 내용이 있었기 때문이었다. 사회 과목을 구성하고 있는 부분들은 고등학교의 사회문화, 법과 사회, 경제에 해당한다. 사회 문화는 그동안 어떤 형식으로든 접했을 만한 내용들이었고, 법과 사회는 고등학교 2학년 때 배웠다. 행정학도 비슷했다. 행정학에서 나오는 욕구 단계 이론이나 인간 관계론, 행정과 경영의 차이들은 기존에 공부를 하면서 들어 본 적이 있는 내용이었다.

국가직 시험 사 주 전에는 얇고 들고 다니기 쉬운 사회와 행정학의 기본서를 사서 시간이 날 때마다 반복해 읽었다. 주로 지하철에서 읽었기 때문에 이때 한자 공부를 놓았다.

삼 주 전에는 기출 풀이를 시작했다. 기출을 풀면서 모든 문제에 문제에서 묻는 내용과 관련된 기본서 내용을 확인하고 정리했다. 눈으로만 보지 않고 관련 내용을 각 문제 밑에서 손으로 쓰며 외웠다. 이렇게 하루에 이삼 회씩 풀었고, 자연히 공통 과목에 들이는 시간이 줄어들었다. 기출을 풀면서 사회 특강도 하나 들었다. 사실 행정학 특강도 들으려고 했지만 내 수준에서 들을 수 있는 강의가 없었다. 행정학 공부는 정말 처음이어서 처음에 아무것도 모르고 모의고사를 쳤을 때는 25점이 나왔을 정도였다. 떨떠름한 기분이 들긴 했지만 당연한 점수라고 생각했다. 전혀 공부를 안 했으니 점수가 잘 나오는 게 이상한 일이었다.

사실 워낙 점수가 바닥이어서 공부를 하니 점수가 오르긴 올랐다. 게다가 사회 과목 같은 경우는 고등학교에서 배운 것 때문인지 꽤 빠르게 점수가 올랐다. 그래서 모의고사 때까지는 안심하고 있었는데 뿌린 대로 거둔다는 말처럼 국가직 시험에서 정직하게 딱 공부한 만큼 점수가 나왔다. 이렇게 국가직 시험을 행정학에서 망치고 나서야 행정학 문제풀이 수업을 들었다. 그리고 시간이 부족한 만큼 점수를 많이 올리기에는 무리가 있을 것이라고 판단하고, 버릴 부분과 가지고 갈 부분을 선택했다. 공부하는 데 공이 많이 들고 생소한 부분은 아무래도 공부 효율이 떨어지기에 포기했다. 다만 어떤 부분을 포기하면 다른 부분은 확실히 알아야 할 뿐더러 아는 문제를 틀리거나 아는 것이 아닌데 안다고 생각하는 상황은 없어야 한다고 생각했다. 그래서 행정학에서 법령과 지방자치 부분은 일체 보지 않았다. 다른 행정 이론들은 일반 사회 이론과 어느 정도 맞물렸기에 이해가 쉬웠지만 지방자치는 완전히 다른 맥락으로 읽혔기 때문이다. 대신 행정학 기출 문제를 반복해서 보면서 시험에 나올 법한 내용에만 집중했다. 사회도 행정학과 마찬가지로 할 수 있는 부분에만 집중했다. 상대적으로 접근이 쉬운 일반 사회 부분과 외우고 문제만 잘 해석하면 되는 법 부분에 신경을 썼다. 경제는 공부해서 쉽게 되는 부분은 정확히 알고 스스로 설명할 수 있을 만큼 이해하되 환율 등 어려운 부분은 공을 덜 들였다. 시간을 아끼기 위해서였다.

시험을 칠 때가 다가오면서는 선택 과목을 공부한 기간이 굉장히 짧았기 때문에 기출 문제 풀이에만 집중했다. 문제를 풀고 모르는 부분은 다시 기본서에서 확인하고 또 문제를 풀었다. 이렇게 보다 보면 문제를 풀 만큼은 알게 된다. 그런 식으로 열 번쯤 보니 기본서의 내용을 스스로 설명할 수는 없지만 문제를 보고 답은 고를 수 있었다. 시험을 볼 때마다 줄타기하는 듯 불안하긴 했지만 신기하게 점수는 나왔다.

5월에는 디자인 과목과 일반 행정직 과목을 병행했고, 서울시 시험 몇 주 전부터는 비중을 사회와 행정학 쪽에 두었다. 그리고 서울시 시험 이 주 전에는 디자인 과목을 일체 놓았다. 막판 스퍼트의 힘을 믿었기 때문이다. 그리고 서울시 시험을 본 후엔 일반 행정직 선택 과목은 치워두고 디자인 과목만 보았다. 이미 시중에 나온 책들은 할 수 있는 범위에서는 다 정리를 해 둔 상태여서 스스로 만든 노트 두 권만 반복해서 읽고 썼다. 다른 자료가 없었고, 일단 공부는 해야 했기 때문에 반복밖에는 답이 없었다. 평소 시험에 나올만한 것만 공부하자는 원칙을 가지고 공부했기에, 시험에 무엇이 나올지 예측도 안 되는 상황에서는 공부가 심리적으로 더 힘들었다. 하지만 이 상황에서도 '일단 하자, 그러다 보면 된다'라는 방법은 유효하다고 믿고 그냥 하던 대로, 시험 직전까지 버텼다.

1, 2개월 차

꼭 챙겨야 할 것

수험 공부를 가장 마음 편하게 할 수 있는 방법 중의 하나는 점수 변동이 크지 않고, 점수가 일관되게 오르는 상황을 만드는 것이다. 이렇게 점수가 안정적으로 나오면 어느 정도 예측이 가능하기에 심리적으로도 덜 불안하고 과목별 시간 배분도 쉬워진다.

점수 안정화를 위해 첫 달에는 공통 과목의 기본기를 만들어 나가면서 공통 과목 중에서 약점인 부분을 메우자. 개인마다 잘하는 과목과 취약한 과목이 있다. 잘하는 과목은 종합반 정도의 공부만 지속해주어도 점수가 유지되거나 상승한다. 하지만 취약 과목은 특별히 신경을 쓰지 않으면 계속 취약 과목으로 남아 있게 된다. 잘하는 과목은 계속 잘하도록 다지면서 취약 과목을 특별히 신경을 써서 전체적으로 과목들이 고르게 점수가 나오도록 만들어주어야 한다.

공부를 할 때에는 복습이 핵심이다. 특히 처음 접하는 정보들은 그만큼 잊기 쉬워 잊어버리기 전에 복습을 해야 머릿속에 남는다. 나는 한국사가 취약과목이었다. 그래서 첫 두 달 동안 종합반을 들으면서 전근대사와 근현대사를 한 과목씩 더 신청해서 들었다. 국사만 세 강의를 들으니 정말 공부 시간의 절반을 국사에 썼다. 수업을 들은 내용은 반드시 당일에 복습까지 끝내는 것이 원칙이어서 하루에 최소 다섯 시간 삼십 분에서 여섯 시간씩은 국사 공부를 했다. 하루에 국사가 두 번 들은 날은 열한 시간씩 공부를 했고, 두 달 동안 서너 번쯤 아침, 오후, 저녁 수업 모두 국사인 날에는 열두 시간 국사 수업을 듣고 점심 시간, 저녁 시간과 다음날까지 복습을 했다. 정말 하루 열두 시간 국사만 들은 날은 집에 가는 길에 고개가 들리지 않을 만큼 힘들었지만 이렇게 공부를 하니 두 달 후에 국사는 가장 믿음직한 과목이 되어있었다. 최대 약점이었고 발목이 잡힐까봐 걱정했던 국사를 이렇게 만들고 나니 다음 단계에서 선택 과목에 집중해서 공부할 수 있는 베이스도 만들어졌다.

학원 수업 활용하기

공무원 시험 준비생들은 아마 유명한 선생님이 있는 학원을 가는 경우가 많을 것이다. 또는 주변 사람들이 추천하는 곳, 입소문이 난 곳으로 갈 수도 있다. 하지만 학원을 선택할 때는 무엇보다 자신이 가장 편안하게 머무르며 공부할 수 있는 곳으로 가야 한다.

학원에 통학을 하며 공부한다면 집보다 더 오래 있어야 하는 곳이 학원이다. 따라서 학원의 시설이나 주변 환경도 중요하다. 하루에 상당 부분을 머무르는 공간인 만큼 편안하고 쾌적해야 한다. 그 공간이 불편하다면 있기 싫은 것은 당연하고, 공부에도 제대로 집중하기 힘들다.

나는 시설이 제일 좋은 학원으로 골랐다. 비교적 신축이라서 건물이 깨끗하고 시설이 노후하지 않은 곳이었다. 화장실도 깨끗했고 분위기도 덜 칙칙했다. 학원의 위치도 중요했다. 노량진 중심 쪽은 일부러 피했는데, 통행량이 많은 번화가 쪽은 편의시설은 잘되어 있지만 분위기가 번잡할 것 같았다. 그래서 일부러 역에서 조금 떨어진 곳에 위치한 학원들을 중심으로 살펴보았고 그 중에서 시설이 제일 괜찮은 곳으로 골랐다. 공무원 시험 학원 간의 서비스나 강의 수준에 그렇게 큰 차이가 있는지 크게 느끼지 못한 이유도 있다.

물론 특히 유명하고 실력 있기로 소문난 선생님도 있다. 하지만 그들이 자신에게 적합한 사람인지는 스스로 판단해야 한다. 아무리 스타 강사라도 자신의 공부 스타일과 맞지 않으면 공부가 더 어렵게 느껴진다. 또한 공부는 스스로 해나가는 것이지 유명 강사의 강의를 듣는다고 해서 저절로 되는 것은 아니다. 어떤 강의가, 혹은 공부 환경이 자신에게 가장 유리한지를 알고 만들어 나가야 한다.

잘 모르겠으면 추천 메뉴, 잘 모르겠으면 종합반

공무원 학원 종합반은 식당의 추천 메뉴 같은 느낌이다. 제일 대중적이고 실패 확률도 낮다. 무엇을 어떻게 공부해야 할지, 무엇을 버리고 챙겨야 할지 잘 모른다면 일단 종합반으로 시작하길 추천한다. 왜냐하면 종합반에서 수업에 꼭 출석하고 매일 복습을 하는 것만으로도 규칙적인 생활 패턴을 유지할 수 있고, 수업을 통해 전체 공부를 위한 큰 밑그림을 그릴 수 있기 때문이다. 종합반을 고른다면 기왕이면 주 6회 수업을 하는 반으로 선택하는 것이 좋다. 만약 주 6회가 없다면 월수금반, 화목토반 이렇게 주 3회 반을 두 번 들을 수도 있다. 종합반을 듣는 이유는 전체를 보고 지식의 기본 구조를 만들기 위한 것 만큼이나 생활 패턴을 잡기 위해서다. 처음부터 일정하게 꾸준히 공부 습관 대신 주 삼 일만 공부하는 습관을 들이는 것은 바람직하지 않다.

더불어 같은 과목을 가르치더라도 선생님마다 강조점이 다르고 수업 방식이 다르기 때문에 자신과 가장 잘 맞는 선생님을 찾는 것이 굉장히 중요하다. 만약 종합반 선생님이 잘 맞지 않는다고 느낀다면 학원의 무료 강의나 특강을 들으면서 어떤 선생님이 맞는지 찾아보아야 한다. 온라인에 열려 있는 무료 강의도 많으니 온라인에서 확인해보아도 좋다. 강의 영상을 오래 볼 필요도 없이 조금 듣고 느낌으로 판단해도 된다. 한 번 수업을 듣기로 결정하면 그 선생님과 매주 최소 네 시간씩은 만나야 한다. 그런데 첫 느낌부터 좋지 않다면 수업을 듣고 싶은 마음이 들지 않을 것이고, 마음이 안 가면 강의도 귀에 들어오지 않는다.

3, 4개월 차

기출 문제 풀이

3개월 차에는 기출 문제를 풀어야 한다. 매년 공무원 시험의 출제 경향은 대동소이했고, 올해 중요한 주제는 내년에도 중요하다. 기출 문제는 앞으로 닥칠 시험을 연습하기에 가장 필수적인 자료다.

공무원 시험은 고작 백 문제가 출제되는데 공부하는 범위에 비하면 상당히 적은 양이기에 선택과 집중이 중요하다. 기출 문제에 나오는 내용을 베이스로 시험 직전에 본 부분 중에서 출제된 몇 문제를 더 맞히면 합격할 가능성은 더 커진다. 매 회 반복되는 파트를 정확히 공부해서 안정적인 점수를 만들어 놓는 것이 빠르게 커트라인을 넘기 위한 가장 효율적인 방법이다.

이때는 기출 문제를 푸는 연습을 통해 반복적으로 나오는 부분을 공부하면서 시간을 지키는 연습도 병행해야 한다. 나의 경우 3, 4개월 차에는 단과 수업만 들었기에 자습시간을 활용해 혼자 5개년 기출 문제를 풀었다. 매일 아침 10시부터 한 시간 동안 국어, 영어, 국사를 실제 시험 스케줄에 맞추어서 풀었다. 시험 시간은 한 시간으로 설정했지만 재검토하고 마킹하는 시간을 고려하여 오십 분 내에 모든 문제를 다 푸는 연습을 했다. 그리고 답을 매기고 시험지에 그대로 오답 노트를 작성하고 모르는 문제는 선생님에게 물어서 반드시 이해하고 넘어갔다.

다만 오래 전에 출제된 문제까지 다 풀 필요는 없다. 공무원 시험은 국가직, 지방직, 서울시 시험도 있지만 국회직이나 경찰직 시험 등도 있다. 따라서 매년 대여섯 개의 시험이 치러지고, 이 시험들을 5개년 분량만 모아도 삼십 회 정도는 된다. 너무 오래된 문제들은 유형도 다르고 출제 경향도 달라서 굳이 볼 필요는 없다.

기출을 풀면서 동시에 매일 해야 하는 루틴을 지키는 것도 잊지 않았다. 특히 꾸준히 해야 하는 한자와 사자성어, 영어단어는 매일 외웠다. 국어나 영어 문제풀이도 마찬가지였다.

국어나 영어는 점수를 참 올리기 힘들면서 놓으면 놓은 만큼 점수가 떨어지는 과목이다. 따라서 1, 2개월 차에는 수업을 통해 국어와 영어 문법을 배웠다면 3, 4개월 차에는 문제 풀이를 통해 아는 것을 문제에 적용하는 연습, 문제를 푸는 감을 발달시키는 것이 중요하다. 특히 국어나 영어는 머릿속에서는 다 알아도 문제에서 무엇을 묻는지, 그 물음에 답하기 위해 어떤 지식을 활용해야 하는지를 가려내지 못하면 문제를 맞힐 수가 없다. 이것을 읽는 감을 익히는 최선의 방법은 반복하는 것이다. 문제를 풀며 모르는 것을 찾고 자신만의 문제 풀이 노하우를 만들어 시험 때까지 유지하는 것이 중요하다. 이는 단번에 쉽게 되는 부분이 아니다. 따라서 루틴으로 꾸준히 연습해야 한다. 다만 완벽해야 한다는 부담감은 갖지 않는 것이 좋다. 매일 조금씩 더 알아 간다는 것에 의의를 두는 것이 마음이 편할 것이다.

단과반 고르기

1, 2개월 차에 종합반을 수강하며 큰 밑그림을 완성했다면 3개월에 접어들 무렵에는 단과반을 듣는 것을 추천한다. 나는 이전에 수강한 종합반 선생님들이 하는 단과 수업을 들었다. 다만 수업을 듣되 스스로 정한 공부 스케줄을 고려해서 공부 흐름을 크게 방해하지 않을 만큼만 수업을 신청했다. 3, 4개월 차의 계획은 기출 문제

를 푸는 것이었기 때문에 기출 문제를 풀고 복습하고, 일상 루틴을 지킬 수 있는 시간을 빼고 나머지 시간을 수업과 복습에 배정했다. 초반 2개월 동안 매일 공부하는 습관을 만들었고 또 그것을 잘 지켜 나간다면 수업을 굳이 아침에 듣지 않아도, 또 매일 배치하지는 않아도 괜찮다. 다만 하루 종일 자습을 하는 날에는 집중력이 떨어지지 않고 꾸준히 유지되도록 신경을 써야 한다.

단과 수업을 고를 때는 선생님의 명성보다 자신의 하루 일과와 공부 스케줄을 생각해서 수강해야 한다. 자신의 시간을 가장 효율적으로 쓸 수 있도록 스케줄을 짜고, 수업을 들으러 다니는 데 너무 많은 시간을 쓰지 않아야 한다. 결국 지식을 자신의 머리에 넣는 것은 선생님이 해줄 수 없고, 스스로 해야 하는 일이. 수업을 듣기 위해 이동하거나 대기하는 시간이 너무 길어진다면 그만큼 공부할 시간이 줄어든다. 움직이는 동선을 최소화하고 아낀 시간을 공부에 쓰는 것이 좋다.

단과반을 듣다 보면 어떤 날은 하루 종일 자습만 하는 날이 있다. 수업과 자습을 병행할 때는 공부 방식이 오전과 오후로 나뉘어 달라지니 다소 덜 지겹지만 이렇게 하루 종일 자습만 하는 날에는 확실히 오후 시간의 집중력이 떨어진다. 이럴 때는 지치지 않도록 시간 배분, 과목 순서 결정을 잘하는 것이 중요하다. 나는 하루 종일 자습을 하는 날에 큰 흐름을 놓지 않기 위해 아침부터 오후 3시까지 이어서 공부했다. 3시쯤 잠깐 나가서 걷고 간식을 먹고 들어오고, 다시 두 시간 삼십 분 정도를 공부하고 저녁을 먹으며 길게 쉬었다. 공부 시간 배분을 꼭 남들이 하는 대로 할 필요는 없다. 자신에게 맞는 패턴이면 된다.

5, 6개월 차

지겨움 극복하기

5, 6개월 차에 접어들면 이미 개념 정리는 끝내고 문제 풀이에 집중해야 하는 시기다. 얼마 남지 않은 시험에 박차를 가해야 하는 중요한 시기지만 나에게는 이때가 가장 지겨운 시기이기도 했다. 고만고만한 똑같은 문제들이 끝도 없이 기다리고 있고 아는 부분은 이미 아는데 또 공부하려니 신경질이 났다.

계속해서 문제를 푸는 것은 상당히 단순하고 지겨운 과정이다. 문제를 읽고 묻는 것이 무엇인지 찾고, 또 답을 골라야 한다. 요구하는 사고 과정이 굉장히 단순하고 또 묻는 지식의 범위도 한정되어 있다. 이 지겨운 과정을 지나가기 위해서는 소소하게 공부법에 변화를 주는 것이 좋다.

　나는 지겨움을 극복하기 위해 복습 방법에 변화를 주었다. 문제를 푸는 동안에는 시간에 맞춰서 풀어야 하기 때문에 지겨울 틈이 없지만 복습을 하면서 단편적인 지식들을 반복하는 일은 신물이 났다. 그래서 틀린 문제만 보되 단편적인 지식을 확인하고 넘어가는 대신, 그 지식이 포함된 부분 전체를 복습했다. 예를 들어 국어의 표준 발음법 문제를 틀렸다면 표준 발음법 파트 전체를 한번 빠르게 읽고 틀린 부분은 주의 깊게 확인했다. 한편 영어는 처음부터 독해 위주로 했었기 때문에 독해와 단어, 문법 정리를 꾸준히 하면서 책을 여러 개 바꿔가며 풀어 읽는 내용에 변화를 주었다. 이런 식으로 5, 6개월 차에는 공부의 리듬감을 바꾸며 흥미를 찾는 데 집중했다.

나에게 맞는 그 하나

　시험이 다가오면 마무리 특강, 족집게 특강 등 다양한 특강들이 우후죽순으로 생겨난다. 이런 특강들을 수강할 때는 자신에게 적당한 수준의 강의를 고르는 것이 핵심이다. 자신의 취약 부분을 짚어주는 특강이 있다면 잘 활용하는 것도 좋다. 가령 국어 점수가 어느 정도 확보되었다면 굳이 국어 특강을 듣기보다는 취약 과목의 특강을 고르는 것이 낫다. 국어 중에서 유난히 맞춤법에 약한데 틀리기 쉬운 맞춤법만 따로 정리해주는 특강이 있다면 이를 잘 활용하면 도움을 받을 수 있을 것이다. 그런 특강이 없다면 굳이 다른 사람들이 듣는다고 특강을 들을 필요는 없다. 지금 하는 대로 공부 리듬을 유지하면서 차분하게 약점들을 정리해 나가야 한다.

나는 국어 같은 경우는 약점만 짚어주는 특강들을 들었다. 흔히들 당락을 가른다고 하는, 많은 사람들이 실수하곤 하는 문제들을 짚어주는 특강이 있었기 때문이다. 영어는 기존에 쌓아온 독해와 단어에 따라 점수가 나오니 특강을 굳이 듣지 않았다. 문법은 기존에 공부를 했다면 어느 정도는 알고 있을 것이며 특강에서 짚어준 것들이 나올 확률은 대단히 낮다. 그리고 단어는 특강으로 해결되지 않는다. 국사는 하루나 이틀 만에 전체를 빠르게 정리해주는 강의 혹은 오답률이 높은 문제만 따로 정리해주는 강의를 들었다. 내용이 방대한 탓에 나도 모르게 놓치고 있는 부분을 누군가가 되짚어 주는 것이 필요하다고 생각했다.

특강은 막판 스퍼트를 올리기에 괜찮은 방법이지만 그것보다 중요한 것은 기존에 공부하던 리듬을 잘 유지하는 것이다. 이즈음부터는 이미 시험까지 시간이 얼마 남지 않은 만큼 공부량을 늘려서 점수를 끌어올리기는 힘들다. 그보다 마음의 평정을 잘 유지해서 시험 당일 최고의 기량을 발휘할 수 있도록 하는 것이 이 시점에서 최상의 점수를 얻는 효과적인 방법이다. 기존에 하던 생활 패턴을 그대로 유지하면서 주변에 집중력을 방해하는 일이 일어나지 않도록 하는 것이 안전하다. 시험은 심리전이다. 마지막까지 마음을 다잡고 할 일에 집중하는 사람이 성과를 낸다.

시험 직전

최상의 컨디션 유지

시험 직전에는 컨디션 관리가 가장 중요하다. 공무원 시험이 요구하는 집중력은 짧고 강렬한 집중력이다. 시험 시간 백 분 동안 최대한의 성과를 내기 위해 몸과 마음이 최적화되어 있어야 한다. 그러니 마음은 평안하고 고요하게, 몸은 건강하게 유지해주는 것이 좋다.

이때는 공부를 지속하되 편안할 수 있는 방법들을 모두 활용하는 것이 유리하다. 몸이 아프지 않고 마음이 산만하거나 초조하지 않게 상황을 만드는 것이다. 쉬는 시간이나 수면 시간을 조금 늘려주어도 괜찮다. 혹시 몸살이 날 것 같거나 감기 기운이 있다 싶으면 바로 병원을 가는 것이 좋다. 마음이 불안하지 않게, 다른 잡생각이 끼어들지 않게 마음을 비우는 것도 중요하다. 불안은 지나친 긴장을 부르고, 과한 긴장은 집중력이 최상으로 발휘되는 데 도움이 되지 않는다.

시험 직전에는 단기적으로 효과적인 방법을 시도해보는 것도 괜찮다. 예를 들어 단 걸 먹으면 일시적으로 기분이 좋아지고 기운이 난다. 그래서 나는 시험 직전에 달콤한 간식을 밥 먹듯 먹었다. 점심으로 치즈 케이크, 간식으로 아이스크림, 저녁으로 와플을 먹은 날도 있었다. 시험 직전에 불안한 마음을 달래고 바짝 긴장해 있는 뇌를 안정시켜서 공부할 기분을 만들기 위해서였다.

시험 직전에는 이처럼 긴장을 풀어줄 자신만의 무언가를 활용하는 것이 큰 도움이 된다. 물론 음주는 권장하지 않는다. 술은 긴장을 풀어주기도 하지만 오히려 기분을 더 불안정하게 만든다.

시험일 시뮬레이션하기

시험이 다가온다는 긴장감을 극복하고 시험 당일 최상의 컨디션을 유지하는 효과적인 방법으로 머릿속에서 수시로 시험 당일의 상황을 이미지 트레이닝하는 것이 있다. 시험날 아침 눈을 떠서 시험장에 도착하고, 시험을 치르는 나의 모습을 아주 상세하게 그려보자. 지체 없이 완벽하게 시험장에 도착해 성공적으로 시험을 보는 나의 모습에서 버스를 놓쳐 예상 시간보다 늦게 도착해 시험을 망치는 모습까지 최고와 최악의 경우 모두를 상상하는 것이다.

시험 당일에는 별의별 일이 다 발생할 수 있다. 뒷사람이 다리를 떠는 버릇을 가지고 있을 수도 있고 여름인데 하필 자리가 창가여서 너무 더울 수도 있고, 시험장에서 원수를 만날 수도 있다. 물론 이런 최악의 상황이 일어날 가능성은 적다. 대부분 시험일에는 내가 생각한 가장 이상적인 상황과 최악의 상황 그 중간쯤의 상황들이 벌어진다.

하지만 당일에 할 행동들을 미리 계획해보는 것은 중요하다. 몇 시에 어떻게 출발할지, 시험 시작 전 앉아서 기다리는 동안에 무엇을 할지, 문제 풀이 순서는 어떻게 할지, 중간에 쉬는 타이밍은 언제가 좋은지, 만약 시간이 모자라게 된다면 무엇을 버려야 할지, 전혀 모르는 문제가 나와서 당황스러울 때 마인드 컨트롤을 어떻게 할지, 만약 마킹 실수를 하면 어떻게 대처할지 등 가능한 여러 상황을 생각해보는 것이 좋다. 이렇게 한 번 생각해보는 것만으로도 혹여 그런 상황이 발생했을 때 현명하게 대처할 수 있고, 대처 방안을 생각해 두었다는 생각에 안심이 되어 자신감 있게 시험을 치를 수 있다.

시험 시간은 오롯이 자신이 노력한 시간을 위해서만 쓰여야 하는 시간이다. 그간 보낸 시간들이 결과를 맺는 순간이니 어떤 불안도 외부 상황도 시험을 방해하지 않게 해야 한다. 내가 어려우면 다른 사람도 다 어렵고, 공부한 만큼 점수는 나온다. 그 동안 최선을 다한 자기 스스로를 믿어야 한다.

시험 당일 유의사항

시험일에 가장 중요한 것은 평소대로 하는 것이다. 평소대로 일어나고 평소대로 아침을 먹으면 먹고, 안 먹으면 먹지 않는 것이 좋다. 그 외에 시험 준비물과 시험장 가는 길 등도 전날 다시 한 번 찾아보고 만반의 준비를 해야 한다.

시험 시작 전 시험장에 앉아 공부할 때는 긴장이 되어 집중력이 흐트러지기 마련이다. 따라서 시험 당일에 공부할 것은 가볍고 빠르게 볼 수 있는 내용으로 준비하는 것이 유리하다.

시간 배분이나 문제를 푸는 리듬은 개인마다 스타일이 다르다. 문제를 푸는 순서도 각각 편한 순서가 있을 것이고 마킹을 하는 타이밍도 다섯 과목을 한 번에 다 보고 할 수도, 중간에 한 번 끊어서 할 수도 있다. 예비 마킹을 할 수도, 하지 않을 수도 있을 것이다. 어떤 방식이든 기존에 연습했던, 가장 익숙한 방법을 택하는 것이 핵심이다. 시험 중에 마음이 급박한 상황에서는 습관적으로 움직이게 되고, 몸에 익지 않은 방법은 실행이 더 힘들다. 나는 공통 과목을 먼저 풀되 국어 한국사 영어 순서로 푼 뒤 예비 마킹을 하고 선택 과목을 풀고 예비 마킹을 했다. 그리고 남은 시간 동안 특별히 헷갈려서 별표를 쳐놨던 문제들을 다시 보고 시험 끝나기 오 분에서 칠 분 전에 마킹을 시작했다. 그러면 이미 예비 마킹을 해놓았기 때문에 진짜 마킹은 오 분 내외로 걸렸고, 시험 종료 몇 분 전에 답안 작성을 완료했다.

시험 이후

필기 합격 후 면접 준비하기

　필기 합격 발표 전날, 밤새 잠을 못 자고 뒤척이다 잠들었다. 그리고 밤새 잠을 설친 것을 보상해주듯 필기는 합격이었다. 기뻤다. 하지만 동시에 더 부담감이 커졌다. 아직 면접이라는 관문이 남아있었다. 필기라도 붙은 게 어디냐는 생각이 들었지만 마냥 좋아하기에는 일렀다. 게다가 만약 면접에서 탈락한다면 더 충격이 클 테고, 또 필기 탈락자들보다 몇 달 더 늦게 공부를 시작하는 셈이 되니 더 걱정이 되기도 했다. 마음이 혼란스러웠지만 최선을 다해 다잡았다. 그건 탈락한 후에 생각해도 늦지 않고 이번에 합격해버리면 안 할 고민 아니냐며 긍정적으로 생각하려 노력했다. 그리고 바로 면접 강의를 등록했다. 언제나 그랬듯이 결과를 부르는 건 실천이지 생각이 아니라고 믿었기 때문이었다.

　이전까진 필기 공부만 했으니 면접에 대해서는 일체 모르고 있었다. 그래서 일단 강의를 들어봐야겠다는 생각에 강의를 신청했는데 벌써 실강반은 마감되고 영상반만 남아 있었다. 아쉬운 대로 영상반을 신청했고 불안한 마음에 모의면접까지 해준다는 강의도 하나 더 신청했다. 처음 신청한 영상반 면접 강의는 밤샘 강의였다. 처음에는 공통적으로 필요한 인성이나 공직관 관련 부분을 들은 후 차례로 지역 현안에 대한 설명을 들었다. 하지만 지역이 제각각이고, 또 지역의 수도 굉장히 많아 각각의 지역 현안을 설명하는 시간들이 짧았는데도 전체적으로 할애되는 시간이 굉장히 길었다. 그래서 지역 현안 부분은 듣다가 중간에 일어나서 막차가 끊기기 전에 집으로 갔다. 필요하지도 않은 이야기들을 밤새 힘겹게 듣고 앉아 있으니 차라리 잘 자고 맑은 정신으로 내게 필요한 내용을 스스로 정리하는 것이 낫겠다고 생각했기 때문이다. 수업에서 짚어준 내용과 분량은 실제 면접을 준비하기에는 한참 부족한 이유도 있었다. 두 번째로 신청한 강의는 밤샘은 아니었고 대개 스터디 형식으로 운영되지만 중간에 모의 면접이나 면접 전략 컨설팅이 몇 번 있는 강의였다. 이 강의에서 좋았던 점은 면접장에서의 예절, 격식이나 복장 등을 점검

할 수 있었고, 각자의 상황이나 직렬에 비추어 어떤 방향으로 전략을 잡아야 할지 이야기를 들을 수 있었다.

한편 스터디는 함께 강의를 듣는 사람 중에서 직렬도 지역도 서로 다른 사람들끼리 조를 짰다. 모여서 함께 사전조사서 질문에 답을 써보고, 공직관이나 인성 관련된 질문에 하나하나 답하며 준비하고, 서로 각자가 조사해 온 지역 현안을 물어봤다. 모의 면접을 보면서 서로의 장점과 단점을 찾고, 단점의 경우에는 어떻게 하면 보완이 될지도 이야기해주기도 했다. 거의 이틀에 한 번 꼴로 모였고 한 번 모일 때마다 서너 시간 씩 스터디를 했다. 그렇게 매일 보고 이야기하고 또 고민을 나누다 보니 정도 많이 들고, 서로 의지하면서 더 열심히 준비를 할 수 있었다.

면접을 준비할 때에는 크게 네 가지로 범주를 나누어서 질문들을 정리했다. 자기소개, 공직관과 인성, 지역 현안, 시사상식으로 나누었다. 사실 면접장에서 어떤 질문이 어떤 비중으로 나올지는 면접관 빼고는 아무도 모른다. 수험생 개개인에게 주어지는 면접 시간이 짧기에 더 예측이 힘들기도 하다. 그래서 질문 하나하나를 다 짚어가며 외우기보다는 중요한 정보들을 머릿속에 넣되 상황에 맞게 질문의 의도를 정확히 파악하는 연습이 필요하다. 시사 상식처럼 범위가 넓고 막연한 질문은 더욱 그렇다. 아는 것보다 모르는 것이 나올 확률이 훨씬 높고 아예 묻지 않을 수도 있기 때문이다.

가장 중요한 것은 자기소개다. 자기소개는 면접의 첫인상을 결정한다. 자신의 강점이 무엇인지 명확하게 찾고, 면접관들에게 그 강점을 어떻게 어필할지를 생각해보는 게 시작이다. 그리고 어떤 순서와 형식으로 이야기를 해야 면접관들의 머릿속에 강한 인상을 남길 수 있는지도 준비해야 한다. 지금까지는 필기 공부를 하면서 방대한 양의 정보를 받아들이고 지식을 채웠다면 이제는 자신을 돌아봐야 할 때다. 자신이 어떤 사람인지, 스스로의 어떤 면모가 공직에서 가치를 발휘할 수 있는지, 그것을 입증할 수 있는 근거가 무엇인지를 생각해보아야 한다. 그리고 그것을 기반으로 자기소개서를 작성하자. 자기소개는 그 누구도 아닌 자기 자신이 가장 잘 할 수 있다. 누군가의 좋은 자기소개를 빌려오는 대신 스스로 고민해서 답을 찾는 것이 최선이다.

머리에 남는 자기소개를 하기 위해서는 정확하고 인상적으로 자신의 강점을 전달하는 것이 중요하다. 거기에 재치까지 더해진다면 금상첨화다. 가령, '주변을 잘 챙기는 사람'보다는 '가로등 같은 사람'이라는 표현이 더 효과적일 수 있다. 어두운 밤에 길을 밝히는 가로등의 이미지가 주변을 잘 살피는 사람의 이미지와 중첩되면서 확실한 인상을 남기기 때문이다. 그것이 무엇이 되었든 자신의 강점을 부각할 수 있는 방법을 찾아야 한다. 하지만 반드시 기상천외할 필요는 없다. 스스로를 가장 잘 드러낼 수 있는 한 마디 표현, 한 구절이면 된다. 그렇게 인상을 남긴 후에 자신이 왜 그런 사람인지 차분히 전달할 수 있다면 자기소개는 제 역할을 다 한 것이다.

공직관이나 인성은 면접자가 공직에 어울리는 마음가짐과 가치관을 가지고 있는지를 알아보기 위한 영역으로 공평, 청렴 같은 가치들이 우선시된다. 시중의 면접 준비 책을 쭉 보면 수많은 예상 질문들이 있을 것이다. 그 질문들에 하나하나 답하다 보면 이상적인 공직자는 어떤 사람일지 윤곽이 드러난다. 자신이 그 사람이 되었다고 생각하고 답해보는 연습을 통해 답의 방향을 잡을 수 있다. 인성이나 공직관 관련 질문은 어떤 형태로도 나올 수 있기에 일문일답을 외우기만 해서는 현장에서 바로 답하기가 어렵다. 외워야 하는 부분들은 몇몇 강령 등 명문화된 것들 일부고 나머지는 맥락을 잡고 그 안에서 진심으로 답해야 하는 질문이다.

지방직 공무원 면접을 봤던 나의 경우 지역 현안에도 굉장히 공을 들였다. 지역 현안은 그 시의 객관화된 데이터들, 가령 위치, 면적, 인구수, 마스코트, 슬로건, 재정자립도, 노령화 지수, 시의 대표적인 명소나 축제, 시정 방침, 행정 구역부터 어떤 부서가 있고 무슨 일을 하는지, 시청의 도로명 주소는 무엇인지, 현재의 주요 사업은 무엇인지 등 굉장히 범위가 넓다. 특히 시의 주요 현안과 맞물리는 사업, 시에서 현재 공을 들이고 있는 사업은 꼭 공부했다. 지방직은 해당 지역을 위해 일할 사람을 뽑는 만큼 시정 현안에 관심이 많은 사람을 선호한다.

시의 홈페이지에 들어가보면 현안이 무엇이고 어떤 사업이 진행되고 있는지 알 수 있다. 중요한 사업은 그만큼 홍보도 많이 한다. 이런 사업의 추이와 성과 등은 꼭 챙겨야 한다. 더불어 자신의 강점과 연계된 사업을 잘 알아 놓는 것이 좋다. 가령 도서관에서 봉사 활동을 한 경험이 있다면 시의 도서관 관련 문화 사업들을 공부한 뒤 자신의 경험이 어떻게 쓰일 수 있는지, 사업과 관련한 포부는 무엇인지 말한다면 면접관들에게 깊은 인상을 남길 수 있을 것이다. 시청 홈페이지, 홍보 SNS, 시에서 발간하는 간행물, 위키피디아 등 찾을 수 있는 모든 문헌을 찾아서 공부하고 시간이 된다면 시 탐방을 해보는 것도 좋다. 실제 시의 분위기가 어떤지, 무엇을 어떻게 하면 시가 더 나아질지, 눈에 보이는 사업성과는 무엇이 있는지 찾아보면 도움이 많이 된다. 면접에서 화제에 오르는 부분은 공부한 범위에 비하면 굉장히 작은 부분이지만 시를 직접 경험함으로써 이런 것을 알아가면 면접에 자신감이 생긴다. 게다가 이 면접은 겨우 얻은 귀중한 기회다. 놓치지 않으려면 충분히 준비되어 있어야 한다. 단한 번의 기회에 스스로가 자격이 있는 사람이라는 것을 보여주어야 한다.

면접은 무엇보다도 사람을 보는 자리다. 면접자가 어떤 사람인지, 조직에서 다른 사람들과 잘 어울릴지, 맡을 역할을 잘해낼 수 있을지를 본다. 따라서 자신이 가진 자질 중에 조직 생활과 해당 직무에 가장 적합한 것들을 강조해서 보여주는 것이 최선의 전략이다. 없는 것을 만들어내기보다 자신의 성격, 능력, 경험, 자질 중에 무엇을 이야기할 수 있을지, 어떤 부분을 강조하고 어떤 부분은 강조하지 말아야 할지를 구분하는 작업이 먼저 이루어져야 한다. 해당 업무를 수행하고, 그 자리에서 조직에 잘 어우러지기 위해 필요한 것들이 무엇인지 생각해보면 면접 때 어필해야 할 내용을 가려내기 위한 가이드라인이 만들어질 것이다.

해당 직렬의 업무에 비추어 어떤 자질을 강조해서 이야기해야 할지 방향을 잡았다면, 다음으로 자신이 가진 상황과 이야기를 생각해볼 수 있다. 각각의 수험생들 모두 처해 있는 상황이 다르고, 가지고 있는 이야기도 각각 다르다. 그리고 그 이야기 중에 자신이 그 조직의 그 자리에 잘 맞는 사람이라는 것을 말하기에 가장 적합한 이야기가 있을 것이다. 그걸 면접관들에게 전달할 수 있다면 면접자의 가능성, 갖추고 있는 자질을 보여주는 가장 확실한 근거가 된다. 사회생활을 해본 사람이라면 거기에서 오는 능숙함과 사회 경험을 이야기할 수 있을 것이고, 반대로 경험이 없다면 백지 같은 상태이니 업무를 빨리 배워서 조직에 최적화된 인재가 되겠다고 말할 수 있을 것이다. 수험 생활이 길다면 오랫동안 한 목표만 보고 달려온 간절함을 강조할 수도 있고, 반대로 수험 기간이 짧다면 단기간에 이뤄낸 집중력과 열정을 이야기할 수 있을 것이다.

한 사람 안에는 많은 이야기들이 있다. 그것들 중에 옥석을 가려서 적절하게 사용하는 것이 중요하다. 자신이 가진 경험은 스스로의 생각보다 훨씬 많을지도 모른다. 그것들을 정리하고, 잘 다듬어서 면접장에서 확실하게 전달할 수 있게 준비하면 된다.

체크 리스트

☑ 시험 시작 전
- 어떤 직렬의 시험에 응시할 것인가?
- 어떤 과목을 선택할 것인가?
- 어떤 과목이 익숙한가?
- 익숙한 과목이 없다면 어떤 과목이 가장 진입장벽이 낮은가?

☑ 1, 2개월 차
- 학원을 다닐까, 독학이나 인터넷 강의를 들을까?
- 강의를 듣는다면 어떤 학원이 좋을까?
- 학원의 위치와 주변환경은?
- 선생님의 수업 방식과 나의 공부 습관이 잘 맞는가?

☑ 3, 4개월 차
- 개념을 정리하고 기출 문제 풀이에 도입했는가?
- 한자, 사자성어, 영어 단어를 꾸준히 암기하고 있는가?
- 현재 수강하고 있는 수업이 나의 공부 스케줄과 어긋나지 않는가?
- 자습을 하는 날에는 어떤 패턴으로 하고 있는가?

☑ 5, 6개월 차

- 지금 나에게 필요한 특강은?
- 어떤 부분의 문제를 주로 틀리고, 그 개념을 완벽히 다시 복습했는가?
- 기존의 공부 리듬을 잘 유지하고 있는가?

☑ 시험 직전

- 건강과 마음의 컨디션이 모두 정상인가?
- 시험장의 위치와 가는 방법을 알고 있는가?
- 어떤 순서로 문제를 풀 것인가?
- 준비물이 무엇이 있는가?
- 마킹은 문제를 푸는 도중 할까, 다 풀고 할까?

☑ 면접

- 내가 지원한 직렬의 업무는 무엇인가?
- 지원한 지역의 기초적인 정보와 현안은?
- 나의 공직관과 자기소개는?
- 나의 사회 경험과 발전 가능성은?
- 면접 당일 어떤 정장을 입고 머리는 어떻게 할 것인가?
- 목소리가 떨리거나 말을 할 때 나도 모르게 몸을 뒤척이지 않는가?

치사한 공부법

1판 1쇄 인쇄 2016년 1월 8일
1판 1쇄 발행 2016년 1월 20일

지은이 이슬기

발행인 양원석
본부장 김순미
책임편집 진송이
디자인 김은정
해외저작권 황지현
제작 문태일
영업마케팅 이영인, 양근모, 정우연, 이주형, 김민수, 장현기, 정미진, 이선미

펴낸 곳 ㈜알에이치코리아
주소 서울시 금천구 가산디지털2로 53, 20층(가산동, 한라시그마밸리)
편집문의 02-6443-8845   **구입문의** 02-6443-8838
홈페이지 http://rhk.co.kr
등록 2004년 1월 15일 제2-3726호

ISBN 978-89-255-5840-0 (13320)

※ 이 책은 ㈜알에이치코리아가 저작권자와의 계약에 따라 발행한 것이므로
   본사의 서면 허락 없이는 어떠한 형태나 수단으로도 이 책의 내용을 이용하지 못합니다.
※ 잘못된 책은 구입하신 서점에서 바꾸어 드립니다.
※ 책값은 뒤표지에 있습니다.